传媒研究新视野系列丛书

# 中英电视媒体国际传播软实力比较研究

● 冼致远 著

中国传媒大学出版社
·北京·

图书在版编目(CIP)数据

中英电视媒体国际传播软实力比较研究/冼致远著. —北京：中国传媒大学出版社，2017.9
ISBN 978-7-5657-1939-4

Ⅰ.①中… Ⅱ.①冼… Ⅲ.①电视－传播媒介－对比研究－中国、英国
Ⅳ.①G229.2 ②G229.561

中国版本图书馆CIP数据核字（2017）第036847号

### 中英电视媒体国际传播软实力比较研究
ZHONGYING DIANSHI MEITI GUOJI CHUANBO RUANSHILI BIJIAO YANJIU

| | |
|---|---|
| 著　　者 | 冼致远 |
| 策划编辑 | 李水仙 |
| 特约编辑 | 杨云飞 |
| 责任编辑 | 李　明 |
| 责任印制 | 曹　辉 |
| 封面设计 | 魏　东 |

出版发行　中国传媒大学出版社

| | |
|---|---|
| 社　　址 | 北京市朝阳区定福庄东街1号　邮编：100024 |
| 电　　话 | 86－10－65450528　65450532　传真：65779405 |
| 网　　址 | http://www.cucp.com.cn |
| 经　　销 | 全国新华书店 |
| 印　　刷 | 北京玺诚印务有限公司 |
| 开　　本 | 787mm×1092mm　1/16 |
| 印　　张 | 13 |
| 字　　数 | 160千字 |
| 版　　次 | 2017年9月第1版　2017年9月第1次印刷 |
| 书　　号 | ISBN 978-7-5657-1939-4/G·1939　　定价　55.00元 |

版权所有　　翻印必究　　印装错误　　负责调换

# 目录 CONTENTS

绪　论　/ 1

**第一章　软实力视角下的国际传播阐述　/ 21**
　　第一节　软实力的基本内涵　/ 21
　　第二节　大众传媒和软实力的关系　/ 29
　　第三节　国际传播与软实力的分析框架　/ 38
　　本章小结　/ 46

**第二章　国际媒体的国际传播发展与态势　/ 48**
　　第一节　传媒国际化与国际一流媒体　/ 48
　　第二节　国际新闻频道的发展格局　/ 55
　　第三节　CCTV 的国际传播发展概况　/ 60
　　第四节　BBC 的国际传播发展概况　/ 72
　　本章小结　/ 78

## 第三章  CCTV 和 BBC 的国际传播制度比较  /81

第一节  制度的含义及国际传播制度  /81

第二节  CCTV 和 BBC 的传播理念比较  /83

第三节  CCTV 和 BBC 的传媒体制比较  /89

第四节  CCTV 和 BBC 国际新闻频道的国际传播制度比较  /107

本章小结  /110

## 第四章  CCTV 和 BBC 国际新闻频道的传播力比较  /112

第一节  传播力的含义及国际传播力  /112

第二节  传播内容及议程设置比较  /115

第三节  传播渠道及受众覆盖比较  /129

第四节  传播战略及品牌塑造比较  /139

本章小结  /147

## 第五章  CCTV 和 BBC 国际新闻频道的传播认同比较  /150

第一节  认同的含义与国际传播认同  /150

第二节  新闻操作层面的认同比较  /152

第三节  权力运作层面的认同比较  /159

本章小结  /165

结  语  /167

致  谢  /171

附录一  /173

附录二  /175

参考文献  /196

# 绪　论

## 一、缘起

本世纪的第一个十年,对于中国以及中国的国际传播事业来说,无疑是具有非凡意义的。2008 年是中国改革开放 30 周年,2009 年新中国迎来 60 周年大庆。从新中国成立到现在,短短几十年,中国从一个积贫积弱、百废待兴的国家一跃发展成为一个政治、经济和文化的大国。2008 年万众瞩目的北京奥运会成功举办,更向世界展示了中国的魅力和越来越不容小觑的实力。

然而,中国的和平发展之路并不平坦,也一直伴随着不和谐的声音。如西方媒体对 2008 年西藏"3·14"事件的片面报道、对北京奥运会举办前期奥运火炬传递中遭遇"抢夺"的片面解读、对"二聚氰胺"负面事件的过度消费等一系列国际传播中的危机事件,损害了中国的国家形象。而 2008 年,正是中国国家电视台——中央电视台(英文简称 CCTV,中文简称央视)建台 50 周年,这一系列事件都凸显出中国国际传播事业的不足。

正如传播学大师麦克卢汉所预言的那样,在经济和技术发展的推动下,世界日益连为一体,成为一个名副其实的"地球村"。在这个"地球村"里,国内传播和国际传播的界限日趋模糊,国内事件经媒体"放大"能引起国际社会的热议,而国际事件和国内形势"共振"也能掀起轩然大波。在国际传播的地位越来越重要的时代,综观全球国际传播的版图,中国的国际传播力量还显得颇为弱小。"世界范围内以英语为母语的人口数约为 10 亿,而在整个主流媒体中,英语的话语空间占文字流通量的80%。而以汉语为母语的人口数将近14亿,但是我们的话语空间却不到10%,甚至有人说我们的话语空间、文字流通量才5%以下。"[①]在这其中,新闻话语权更是主要被以英、美等国家为首的西方大国媒体垄断。

近年来,改革开放不断释放出巨大的生产力,中国已成为仅次于美国的世界第二大经济体,国家的实力和影响力与日俱增,但我们在国际社会的视野里却仍未完全摆脱"他者"的形象。在国际传播的语境里,"中国威胁论""中国崩溃论"等言论在一定意义上正是西方对中国的话语围剿,是影响中国和平崛起的舆论噪音。可见,自"冷战"以来,由西方主导的国际传播秩序并没有得到根本性的改变。西方大国,尤其是英、美等国家的媒体把控世界舆论、主导国际舆论格局的局面还将在一段时间内持续。

自2008年以来,党和国家领导人多次在不同场合强调,要加大我国的国际传播事业建设力度,提高国际传播水平,并提出了具体要求。胡锦涛同志在给中央电视台建台50周年的贺信中提出,要在继承的基础上不断开拓创新,努力把中央电视台建成技术先进、信息量大、覆盖广泛、影响力强的国际一流媒体,为推动社会主义文化事业大发展大繁荣、为提高国家文化软实力、为夺取全面建设小康社会新胜利做出更大的贡献。2009年,在第一届传播理论研讨会上,国务院新闻办公室主任王晨指出,在全球经济遭受金融危机冲击、信息技术迅速发展、国际舆论形势发生新变化的形势下,要充分认识提高国际传播能力的重要性,增强扩大对外传播能力的紧迫性和责任感;科学分析当前国际传播形势,积极应对面临的机遇和挑战;适应国际传播发展需要,建设覆盖全球的国际传播体系。习近平同志在给中央电视台、《人民日报》和国家广播电台等国家级媒体的批示和讲话中也多次提出,要在当前形势下打造国际一流媒体。这是"统筹国内国际两个大局"的战略方针对媒体提出的新要求,是适应"中国国际地位提高"的需要,表明国际传播事业已经逐步成为中国国际战略的重要

---

[①] 陈虹、刘旻喆:《全球化时代华语主持人的影响力和话语权》,《新闻记者》2009年第8期。

组成部分。①

在这种背景下,对中英两国电视媒体的国际传播软实力进行比较研究,无疑是具有现实意义的。

电视之于国际传播的地位和重要性已为历史所证明。尽管近年来以电视为代表的传统媒体遭到了以网络为代表的新媒体的挑战,但当前电视仍然是最强大的媒体之一。况且在当前,电视的公信力要比新媒体的优势明显得多,因此在一段时间内,电视仍将是国际传播最重要的载体。

在实际的研究中,本书选取了中央电视台和英国广播公司(British Broadcasting Corporation,简称 BBC)两者的国际新闻频道作为个案研究的对象。中央电视台国际新闻频道,对外呼号为 CCTV - News,前身是 2000 年 9 月开播的英语国际频道(CCTV - 9),该频道在 2010 年改版更名为 CCTV - News。英国广播公司的国际新闻频道(BBC World News,简称 BBCWN),最早为创办于 1991 年 3 月的 BBC 世界电视服务(BBC World Service Television),后于 1995 年拆分为 BBC 世界频道(BBC World)和娱乐频道(BBC Prime),其中 BBC World 于 2008 年改版更名为 BBCWN。需要明确的是,本书所指的国际新闻频道,主要是指按照美国有线电视新闻网(CNN)模式建立起来的 24 小时全新闻、专业型的国际电视频道或频道定位为基于国家立场并主要承担国际新闻报道职责的电视频道。除此以外,以文化传播等为宗旨的综合型国际频道不在本书研究之列。

选择 CCTV - News 和 BBCWN 这两个频道进行比较研究,其主要原因如下:一是国际新闻频道往往是最能体现一个国家国际传播实力的实体,对中英两国国际新闻频道进行比较研究,分析其异同,有助于本书主题的实现;二是 CCTV - News 与 BBCWN 分别是中英两国具有官方地位和国家象征意义的国际新闻频道,又同样以英语为传播语言,将它们进行比较,是具有相当的可比性和代表性的;三是在中国当前注重推进国际传播事业的发展,尤其是在加快建设国际一流媒体的环境中,CCTV - News 自改版创刊之日起就提出计划"打造成与 BBCWN、CNNI 相媲美的国际化新闻传媒平台",这也是本书写作的一个重要缘由。

---

① 张毓强:《2009:中国国际传播事业三个重要转变》,《国际新闻界》2010 年第 2 期。

## 二、研究的意义、创新点和难点

本书以 CCTV - News 和 BBCWN 为例,从"软实力"(soft power)的研究视角来比较中英两国电视媒体国际传播的异同。软实力概念最早是由美国政治学家约瑟夫·奈(Joseph Nye)于 1990 年提出的,它揭示了"权力的第二张面孔",即权力并不总是依靠"胡萝卜"或"大棒"的方式得以实施,进而提醒人们要重视文化、政治价值观和外交政策等方面体现出的吸引力。软实力观点一经提出,就在世界政坛引起了强烈反响。2007 年,中国共产党第十七次代表大会的工作报告中也提及了"软实力"一词,自此加强软实力建设成为中国现阶段发展的重大战略之一。如今,软实力已突破了政治领域,进入了学术研究视野,成为国际关系乃至新闻传播等学科的一个重要研究视角。

总的来看,本书的研究意义可以体现为以下几个方面:

第一,本书将软实力研究延伸至国际传播领域,既是对软实力学说的积极应用,又是从另一个视角对国际传播研究的观照。同时,本书还提出了一个由资源维度、行为维度和认同维度共同组成的国际传播软实力分析框架。

软实力概念及观点最早由约瑟夫·奈从战略的角度提出,之后被广泛运用于多个话语及学科的研究之中,但相较于国际政治学、国际关系学等领域,新闻传播学领域对软实力的相关研究还不够透彻。尤其是国际传播学,作为一种传播学视域下的国际政治学、国际关系学的研究,理应更加重视软实力视角的引入,但目前此领域研究成果的稀缺与其学科地位形成了鲜明对照。

在这种情况下,本书从软实力视角对国际传播进行研究具有重要意义,它不仅是软实力研究在国际传播领域的延伸,同时也是软实力理论在国际传播研究中的应用,这将有助于建立"国际传播"和"软实力"之间的关系,并拓展国际传播研究及软实力研究的视野。

此外,本书还综合借鉴其他学者的观点,结合传播学的相关理论,提出了一个由资源维度、行为维度和认同维度共同组成的国际传播软实力分析框架,并将之运用到对中英两国电视媒体国际传播发展的比较研究中。这一点也是本书最主要的创新点。

第二,有助于比较研究在方法和实践上的拓展,丰富相关研究的成果。

作为一种古老的研究方法,比较研究的方法很早就被广泛运用到多种学科的研究中,同时它也是国际传播和软实力研究的重要方法,比如《报刊的四种理论》就是较早运用比较研究法完成的国际传播学著作。而在论述软实力的研究方法时,约瑟夫·奈曾指出,"软实力确实不容易量化,但却可以衡量。目前,主要有两种衡量方法:一种是公众舆论的看法,这在美国比较流行;另一种就是比较研究的方法,即在对不同国家进行相关案例研究的基础上,通过比较的方法看哪些国家更具吸引力,这种比较的方法既简单易行,也能够清楚地看出差别。我们倾向后一种方法"。①

由此,本书从总体上采取比较研究的方法,从方法论上将国际传播研究与软实力视角结合起来,这有助于拓展比较研究方法的应用,并丰富相关的研究成果。

第三,揭示软实力之于传媒发展、国家实力提升的重要性,同时也为中国的国际传播发展,尤其是为中央电视台建设国际一流媒体提供具有借鉴意义的思路。

结合中国国际传播发展的实际,强调建设国际一流媒体是国家软实力建设的重要组成部分,尤其在当前中国坚持走和平发展道路的前提下,提升国际传播水平更具有重大的战略意义。本书揭示了软实力之于传媒发展乃至国家实力提升的重要性,有助于推动国际传播理念由注重硬实力建设向注重软实力建设转变,注重传播的实际效果和影响力,最终实现增强国家综合竞争力的目标。

比较的意义在于获得某种启示。本书所做的研究就有助于了解中国国际传播发展的现状以及中央电视台在国际传播版图中的位置,并在此基础上提出一些具有借鉴意义的发展思路。

本书的难点主要包括以下几个方面:

首先,体现在理论运用方面。一是本书的研究主题属于跨学科的研究范

---

① 甘藏春、方正辉、胡必亮:《约瑟夫·奈谈"巧实力"》,《对外传播》2009年第3期。

畴,需要对相关学科,诸如国际政治学、国际关系学以及国际传播学的相关理论进行掌握和建构,而目前将"国际传播"和"软实力"结合起来进行研究的理论成果还较少;二是包括约瑟夫·奈在内的软实力研究学者还没有提出一个明确的国际传播软实力的分析框架,这使得本书在具体的研究中可借鉴的、现成的、较为成熟的理论成果并不多,在获取理论支撑方面难度较大。

其次,体现在研究方法上。如何对两个不同系统下的事物进行科学、有效的对比,不仅是困扰本书、也是所有比较研究中的难点。"其中最大的挑战是研究的核心问题、概念、指标与单位是否对等(equivalence)和是否可以比较(comparability)。如果不对等或不能比,比较研究就会失去应有的价值。"[①]就本书来说,CCTV - News 和 BBCWN 是两个完全不同的社会传播系统下的产物,如何建立二者之间的联系,如何来进行意义对等而又价值中立的比较,是本书自始至终需要解决的问题。

最后,体现在文献的搜集、整理及分析上。本书涉及大量的英文文献资料,不仅考察笔者对电子英文文献的搜集和整理能力,还考察对书面英文文献的阅读及分析能力以及对英语视频节目资料的听写能力,跨语言、跨文化的研究难度较大。

## 三、文献综述

### (一)软实力研究的主要成果

"软实力"概念最早由美国著名政治学家约瑟夫·奈提出。1990 年,他分别在《政治学季刊》和《外交杂志》上发表了《变化中的世界力量的本质》《软实力》等一系列论文,文中提出了软实力的概念,并于同年出版了专著《注定领导世界——美国权力性质的变化》。2001 年,约瑟夫·奈在《美国霸权的矛盾与未来:为何世界唯一的超级强国不可以独断独行》一书中发展和运用了软实力

---

[①] 罗文辉、陈韬文、黄煜、马杰伟、萧小穗、冯应谦、叶月瑜:《全球化时代的电视国际新闻比较研究》,《传播与社会学刊》2010 年第 13 期。

的观点,并在之后的《美国的信息优势》《信息时代的力量与相互依存》和《信息时代的国家利益》等一系列著作中予以不断丰富和完善。2004年,他在《软实力:从硬实力到软实力》一书中,对软实力理论进行了系统阐述。在论述著作的基础上,他又提出了另一个相关的概念——"巧实力"(smart power),并指出"巧实力"就是如何运用"硬实力"和"软实力"。

"软实力"学说得到了美国政界的广泛认同,从老布什政府的"超越遏制战略"到克林顿政府的"参与扩展战略",均汲取了软实力的思想精华。与此同时,国际学术界也积极响应,相继涌现出一系列有关软实力的研究成果。例如,2007年加拿大学者马修·弗雷泽(Matthew Fraser)的《软实力:美国电影、流行乐、电视和快餐的全球统治》、2008年美国学者乔舒亚·柯兰齐克(Joshua Kurlantzick)的《魅力攻势:中国的软实力如何改变世界》、美国学者吴旭的《为世界打造"中国梦"》以及约瑟夫·奈之后的论文《中国软实力的崛起》等。

综上来看,这些研究不仅探讨了软实力的基本理论,还十分注重软实力的应用,主要集中于国际政治的主题之下,即如何运用软实力来引领世界。此外,除了注重本国软实力情况的研究外,这些研究还高度关注国际社会的情况,尤其是中国的软实力问题已然成为业界一个重要的研究方向。

中国"软实力"概念的提出,同样引起了国内的重视。党的"十七大"第一次将"软实力"一词写进政府工作报告中,提出了要提高国家文化软实力的要求,明确了从国家层面推动文化软实力发展的重大战略。1993年,王沪宁在《复旦大学学报》上发表了《作为国家实力的文化:软权力》一文,将文化提升到国家软实力的高度予以探讨,由此拉开了国内关于软实力研究的序章。其后,庞中英在《战略与管理》上发表的《国际关系中的软力量及其它——评美国学者约瑟夫·奈的〈注定领导〉》、张骥与桑红在《社会主义研究》上发表的《文化:国际政治中的"软权力"》等论文都是国内较早研究软实力的成果。

2003年,时任国务院总理温家宝首次正式提出"和平崛起"的观点后,国内的软实力研究成果逐渐增多,由"软实力"衍生的概念不断出现,如"国家软实力""文化软实力""外交软实力""军事软实力""传媒软实力"和"企业软实力"

等,其中"国家软实力"和"文化软实力"是两个较为集中的研究方向。

综上来看,国内软实力研究的成果主要体现为以下几个方面:

第一,关于西方软实力理论的译介。约瑟夫·奈的著作几乎都被翻译为中文版,包括《美国定能领导世界吗》《美国霸权的困惑》《软力量:世界政坛成功之道》《硬权力与软权力》《软实力:权力,从硬实力到软实力》等。

第二,对软实力理论所做的基础研究。主要有龚铁鹰的《论软权力的维度》、贾海涛的《试析文化软实力的概念和理论框架》、刘相平的《对"软实力"之再认识》等发表在期刊上的论文。

第三,运用软实力理论对"中国问题"进行的研究。主要有:2007年,门洪华主编的《中国:软实力方略》;2008年,童世骏的《文化软实力》和沈壮海主编的《软实力,真实力:为什么要提高国家软实力》;2009年,唐晋主编的《大国策:通向大国之路的中国软实力——国学热与文化传承》;2011年,李希光主编的《软实力与中国梦》;2013年,王思齐的著作《国家软实力的模式构建——从传播视角进行的战略思考》以及门洪华主编的《中国战略报告:中国软实力的战略思路》等。相关的期刊论文有张战、李海军的《国际政治中的中国软实力三要素》、赵长茂的《中国需要软实力》、庞中英的《发展中国软力量》、李智的《软实力的实现与中国对外传播战略——兼与阎学通先生商榷》等。

(二)传播及传媒软实力研究的主要成果

聚焦软实力和新闻传播、传媒研究的交叉领域,虽然约瑟夫·奈并没有直接提及"传播软实力""传媒软实力""媒介软实力"等相关概念,但在《软实力:权力,从硬实力到软实力》一书中,他曾多次将新闻传媒作为软实力发展的论据,暗示二者之间的内在联系。例如,"伊拉克战争期间,半岛电视台等媒体在议程设置方面成为西方媒体的对手。同样的部队行进场面,在CNN的节目里是'盟军挺进',而半岛电视台则称之为'侵略者进犯'。这种情形的直接效果就是,相比1991年,2003年美国在该地区的软实力明显下降"。[①] 在这段论述

---

① 〔美〕约瑟夫·奈:《软实力:权力,从硬实力到软实力》,马娟娟译,中信出版社2013年版,第73页。

中,约瑟夫·奈显然把新闻传媒当成了一种重要的软实力或者说软实力的来源之一。

国内学者胡鞍钢、张晓群于2004年第一次提出"传媒实力"的概念、构成及指标体系,并对全球部分重要国家的传媒实力进行了量化计算,认为传媒实力是指"一个国家传媒体系渗透力和影响力的总和"。① 蒋晓丽、李建华(2008)则直接提出"传媒软实力"的概念,指出"媒体影响力直接耦合了文化软实力,在当今传媒化的社会中,文化的生命力、凝聚力、创造力、影响力在很大程度上取决于传媒的实力"。② 喻国明、焦国栋(2009)在《中国传媒软实力发展报告》一书中又丰富了"传媒软实力"的概念,并提出传媒软实力可以从表达力、吸引力、影响力和竞争力四个方面予以阐释。其中,表达力是指传媒的信息采集、信息聚合、信息传递和信息交流的能力,不仅表现为对自采信息和自身观点的表达能力,还表现为对其他信息提供者所提供信息的转述能力;吸引力与表达内容有关,也与表达技巧有关,是表达传、受双方相对关系的概念,其产生基于强大的传媒基础,反映人类共同价值的传播内容、开放的传媒制度、活跃的传媒产业,也在于对通行的国际传媒规则的熟知和运用;影响力的本质是它作为资讯传播渠道给其受众的社会认知、社会判断、社会决策和社会行为打上属于自己的"渠道烙印",它大致可分为传媒的物质技术属性和社会能动属性两个基本方面;竞争力具有排他性,在众多表达渠道之中占有明显的优势或具有明显的特色,在传递信息、表达意见、议程设置方面占据着主流话语地位且相对持久。除此之外,传媒软实力还表现在对意识形态、价值观以及文化的解释力和传播力等方面上。

在传播学研究领域,李智指出,"传播是文化由(软)实力转化为(软)权力即文化软实力的实现的关键所在"。③ 李希光、周庆安(2005)将软力量置于全

---

① 胡鞍钢、张晓群:《中国传媒迅速崛起的实证分析》,《战略与管理》2004年第3期。
② 蒋晓丽、李建华:《文化软实力与传媒软实力——对改革开放以来中国传媒发展的思考》,《湘潭大学学报》2008年第4期。
③ 李智:《软实力的实现与中国对外传播战略——兼与阎学通先生商榷》,《现代国际关系》2008年第7期。

球传播的格局之下,分析了软力量是如何借助全球舆论发生同化作用的。程曼丽(2006)将软实力引入国际传播研究领域,认为国家软实力的提升是国际传播的结果,而"国家软实力的大小同样可以作为检测国际传播效果的一个综合性指标"。①

此外,相关的研究还包括程曼丽的《论我国软实力提升中的大众传播策略》,丁柏铨、王涛的《论媒体"软实力"——以另一种视角考察媒体竞争力》,李希光的《全球传播时代的议程设置与文化软实力》,梅琼林、连水兴的《媒介、民族国家与软实力的悖论》和罗新星的《跨文化传播视野下的文化软实力》等发表在期刊上的论文。

概而言之,国内目前关于软实力研究涉及的问题,主要包括以下几个方面:

第一,对相关概念译法的研究。目前,国内学术界对"soft power"这一概念大多采取"软实力"译法,但也有学者采取"软权力""软力量"等其他译法。大多数学者认为,不同译法只是语言使用上的不同,并没有根本性质的差别。但也有学者对此持不同意见,如李智指出,"基于'软权力'和'软实力'是归属于不同范畴的两个完全不同的概念,应当把作为'行为力'的'soft power'译成'软权力';而把'资源力'意义上的'soft power'译为'软实力'。我们可以参照'soft power'所处的不同使用情境和语境(上下文),具体地确定其所属范畴,给出相应的译名。当然,如果'soft power'脱离了特定的语境,难以判定是行为力还是资源力,就不妨模糊或笼统地把它译为'软力量'"。② 总的看来,国内学者"对'soft power'一词的译法分两个层面,在政治和对外关系层面,一般笼统译作'软力量',在文化资源层面上则普遍译作'软实力',而真正以'软权力'来进行论述的并不多见,也见出中国对于'soft power'一词的温和态度"。③

第二,对软实力的构成要素及来源的研究。如程曼丽(2006)从国际传播角度出发,将软实力的基本要素归纳为四个方面:文化影响力、意识形态影响力、制度

---

① 程曼丽:《国际传播学教程》,北京大学出版社2006年版,第213页。
② 李智:《软实力的实现与中国对外传播战略——兼与阎学通先生商榷》,《现代国际关系》2008年第7期。
③ 杨浡伟:《中国"文化软实力"研究现状综述》,《中国文化研究》2011年第2期。

安排上的影响力和外交影响力;门洪华(2007)从国家战略的宏观层面指出,软实力包含以下核心要素:文化、观念、发展模式、国际制度和国际形象;李智(2008)则从哲学角度对软实力的构成要素进行梳理,认为所有的软实力要素都可归结为文化,即"包括两个层面和两种形态:一个是内隐的观念层面,它包括价值观念、思维方式、思想理念、精神或原则等形态,可称之为观念性文化;一个是外显的制度层面,该层面属于一种社会性的文化约定,或者说,是文化的社会化实现,它表现为战略、政策或规范、规则等形态,可称之为制度性文化。在这两种文化中,一般而论,观念性文化比制度性文化更根本,前者是原生性的,后者是衍生性的"。①

第三,对软实力的评估和衡量标准的研究。不少学者都认识到了软实力评估的重要性,但同时又指出了对软实力进行测量的难度。"软实力和硬实力不同,作为一种物质力量,硬实力(经济力、军事力等)的大小、强弱可以通过量化的方法,通过具体的统计数据测定;而作为一种非物质的、抽象的、无形的力量,软实力则很难用量化的方法进行准确的测量"。② 于是,一些学者便采取折中的方式,要么用定性的方法对软实力进行评价,要么将其转化为可供测量的数据。如程曼丽(2006)将软实力的基本要素作为测量的参考依据对其进行效果测量,在测量时借助约瑟夫·奈的软实力资源量化分析方法,将其转换为对占有文化资源的测量,再根据得出的数据进行量化分析。龚铁鹰(2007)则在《论软权力的维度》一文中提出,"依据软权力的来源将其划分为制度性权力、认同性权力和同化性权力三种维度,分别对应一国主导制度的权力、通过取得别国对其领导者身份的认可而拥有的权力以及文化价值观、意识形态和社会制度的吸引力",③并在此基础上进行定性分析。

此外,就传媒软实力的评估和测量提出代表性观点并完成相应实证研究的还有胡鞍钢、张晓群、喻国明和焦国栋等人。

张晓群(2007)在总结2004年与胡鞍钢共同完成的"世界主要国家传媒实

---

① 李智:《软实力的实现与中国对外传播战略——兼与阎学通先生商榷》,《现代国际关系》2008年第7期。
② 程曼丽、王维佳:《对外传播及其效果研究》,北京大学出版社2011年版,第61页。
③ 龚铁鹰:《论软权力的维度》,《世界经济与政治》2007年第9期。

力的实证分析"的基础上,认为可以将传媒作为软实力的一个单独子系统来进行研究,并进一步将这个系统划分为传播基础、国内传播、国际传播和传媒经济四个子系统。具体的做法是:选取电话主线数、移动电话总数、互联网主机数和邮局总数作为衡量传播基础的四个指标;选取日报、收音机、电视机和互联网四种主要媒介的使用总量作为国内传播的衡量指标;选取图书出口额、国际广播语言数、全球电视受众数和互联网站数作为衡量国际传播的指标;选取广告额和观看电影人数作为衡量传媒经济的指标。

胡鞍钢、张晓群对传媒软实力系统的划分大致勾勒出了传媒的物质基础、产业属性以及传播的国内、国际范畴,但其选取的衡量指标是否科学还值得商榷,况且随着时间推移、媒介环境的剧变,当时选取的指标诸如收音机等基本上已不再适用。

喻国明、焦国栋(2009)在对一国传媒软实力进行评测时,将评测指标"分解为'规模指标'和'水平指标'两大类,规模指标衡量一个国家传媒的整体实力,是由总量指标组成的;水平指标衡量一个国家的传媒的人均占有率和普及水平,由平均指标构成。在每个类别的指标中,实际又分为基础实力指标和生产能力指标"。①

比较来看,喻国明、焦国栋以规模实力和水平实力为基本类别,同时引入人口数据评测一个国家传媒发展的总量和人均占有水平的方法,无疑比胡鞍钢、张晓群的系统分析更为科学。但需要注意的是,这两种评测方法都以国家为单位,揭示的是国与国之间传媒软实力的竞争关系,并不适用于对某一家具体的新闻媒体的软实力评估。

(三)CCTV 和 BBC 相关的主要研究成果

众所周知,CCTV 在国内传媒界占据着十分重要的地位,国内以它为研究对象的学术著作可谓汗牛充栋。如在历史研究方面比较权威的赵玉明的《中国广播电视通史》,此书分为上、下两卷,回溯了中国广播电视事业从诞生至 20 世纪

---

① 喻国明、焦中栋:《中国传媒软实力发展报告》,同心出版社 2009 年版,第 48 页。

末近百年的发展史。而作为最早研究中国电视专史的学者郭镇之,其博士论文《中国电视史稿》可谓是国内首部研究中国电视历史的专著,其后该论文以《中国电视史》出版。此外,刘习良主编的《中国电视史》记录了中国电视从1958年至2000年这段历史的发展过程。

在专门研究CCTV发展史的著作中,比较重要的有赵化勇、杨伟光主编的《中央电视台发展史》,该书分为上、下两卷,其中,上卷(1958—1997年)分两个阶段讲述了中央电视台从1958年5月到1966年4月的艰苦创业以及1966年5月到1978年4月遭受挫折和复苏的历程;下卷(1998—2008年)讲述了1998年之后,中央电视台以1998年南方洪灾报道为契机,走上高速发展和全面繁荣之路的历程,以及进入新世纪以来在办台思想、管理理念和运营管理等各方面取得的显著成就。

CCTV的国际传播活动几乎与CCTV的建台同时进行,刘笑盈和吴燕在《CCTV电视国际传播及其对世界传播格局的影响》一文中,对其历史发展脉络进行了梳理。在我国,国际传播的概念表述经历了从"对外宣传"到"对外传播"再到"国际传播"的变迁,这一话语的转型无疑暗含了国际传播理念"去政治化"的转变历程。因此,对CCTV国际传播活动的研究最早可见于"对外传播""对外电视"等理论的框架下。"对外传播"方面的奠基之作包括段连城的《对外传播学初探》和沈苏儒的《对外传播的理论与实践》。在"对外电视"领域,较有影响力的著作是张长明的《让世界了解中国——电视对外报道40年》和《走向世界的中国电视》。近期,相关的研究还有李宇所著的《中国电视国际化与对外传播》(2010)、杨刚毅主编的《电视国际传播创新研讨文集》(2011)和杨越明的《中国电视的对外传播》(2012)等。

在众多研究国际电视传播的期刊论文里,比较常见的是针对电视国际传播的问题和现状所进行的对策研究。如程曼丽在《中国电视对外传播的品牌战略》一文中认为,"品牌战略是中央电视台在新的全球传播格局中扩大影响力、确立优势地位的一个重要战略"[1];谭天、于凡奇在《从"走出去"到"走进

---

[1] 程曼丽:《中国电视对外传播的品牌战略》,《电视研究》2010年第3期。

去"——论中国电视对外传播的策略创新》一文中,提出了对外传播路径与模式的创新策略;高晓红和李智在《通过新媒体平台拓展中国电视对外传播新路径》一文中,提出了在媒介融合的新背景下中国电视通过新媒体拓展国际传播的举措。在理论建树方面,崔屹平和李宇在《二十年来中国电视对外传播理念嬗变初探——以中央电视台为例》一文中,对对外电视的指导理念、制作理念和运营理念进行了分析和评述。

在以 CCTV - News(原 CCTV - 9)为研究对象的研究成果中,比较有代表性的为郭可的《中国媒体国际影响力个案分析》(2005),在该文中作者提出将辐射面的大小、公信力和市场运作程度的高低作为衡量国际影响力的标准,并以 CCTV - 9 为个案分析了中国媒体的国际影响力问题,得出了"CCTV - 9 尽管在我国起步较晚,但发展较快,并且发展潜力巨大"的结论。国际受众对 CCTV - 9 "有着较高的认同度,这与我国英语电视媒体相对公正、客观和真实的报道手法及内容,以及以中国和发展中国家为报道重点的定位有关。当然这并不表明受众也认同我国英语电视媒体的其他方面,尤其是传媒政策、市场化程度以及节目设计和语言等方面的问题"。[①] 何勇在《推销中国:中国对外电视战略和 CCTV - 9》一文中提出,CCTV - 9 的困境揭示了中国"对外电视已经成为文化软实力的短板""要达到推销中国的目的,推销自己是第一步,而要推销自己,制度设计是第一关"。[②] 范昀在《从 CCTV - News 改版谈对外传播思路》一文中,从理念和具体措施上,提出了在新的国际电视传播竞争环境下 CCTV - News 提升国际传播力的发展思路。此外,中国传媒大学还做了不少与此相关的研究。如张洪磊的《我国电视对外传播国际化战略研究——以 CCTV - 9 为例》、王曦的《CCTV 英语新闻对外传播策略研究——以 CCTV - News 为研究对象》、王安丽的《我国媒体对外传播现实问题研究——以中央电视台英语频道为例》、吴旭的《中央电视台英语新闻频道重大事件报道传播策略及问题分析》等。

BBC 是英国最大的广播电视机构,是世界上最大的广播电视机构之一,也

---

[①] 郭可:《国际传播学导论》,复旦大学出版社 2005 年版,第 239 - 240 页。
[②] 何勇:《推销中国:中国对外电视战略和 CCTV - 9》,《现代传播》2010 年第 2 期。

是长久以来一直被公认为全球最受尊敬的媒体之一。在历史研究方面,英国阿萨·布里格斯(Asa Briggs)教授的鸿篇巨制《英国广播电视史》以相当多笔墨追溯了BBC从创立到发展的历史,并对其发展过程中各方势力的博弈以及BBC自身管理的调整进行了详细的描述。此外,早期的历史研究还可参考BBC的创始人约翰·瑞斯(John Reith)的自传《大英广播》以及其女儿所著的《我的父亲:BBC的瑞斯》。

在BBC服务三十年,并于1969—1990年担任总裁的查尔斯·柯兰(Charles Curran)在《一件没有缝隙的外袍》一书中,将BBC的制度比喻为"一件没有缝隙的外袍","对于BBC之理念与实践过程交待最清,评理最明",[①]"对于采取每一项重大政策的理由,他都详加剖析"。[②] 这部著作后被台湾学者冯建三翻译为《统理BBC》,为国内学者的相关研究提供了丰富的史料。

在当今电视媒体国际传播领域,BBC和CNN可谓并驾齐驱,分别开创了公营台和私营台两大传媒体制,又殊途同归地先后成为创造传播影响力巅峰的两大传媒巨头。其中,BBC创立的公共广播服务成为西方传播双轨制的源头,同时也成为国内外学者围绕BBC研究的重点课题。关于BBC的起源,英国传媒社会学家詹姆斯·卡瑞(James Curran)在与珍·辛顿(Jean Seaton)合著的《英国新闻史》(第六版)一书中指出,"第一种意见认为,这个公司是约翰·瑞斯个人努力的结果;第二种意见则认为,它的出现纯属意外""按照第一种观点,瑞斯按照自己的想象书写了历史。按照第二种观点,这么一个重要的机构采取了这样特殊的形式,只是因为没有人能够预测到它在未来的重要性。不过,这两种观点还有一个共同缺陷:都忽视了广播所处的社会政治环境的变化"。[③] 就公共广播服务在20世纪70、80年代所遭遇的商业化侵蚀而言,澳大利亚学者伊丽莎白·杰卡(Elizabeth Jacka)指出,在英国传播学政治经济学派学者格雷汉姆·莫多克(Graham Murdoch)和尼古拉斯·加汉姆(Nicholas Carnham)等人为

---

① 〔英〕查尔斯·柯兰:《统理BBC》,冯建三译,台湾远流出版公司1992年版,第11页。
② 〔英〕查尔斯·柯兰:《统理BBC》,冯建三译,台湾远流出版公司1992年版,第5页。
③ 〔英〕詹姆斯·卡瑞、珍·辛顿:《英国新闻史》,栾轶玫译,清华大学出版社2005年版,第89页。

此进行的讨论中,"为公共广播电视作出辩护似乎已经成为他们共同的一个姿态,或者说一种立场"。①

此外,鲍伯·富兰克林(Bob Franklin)的《英国电视政策解读》提供了相当丰富的关于英国公共广播电视体制研究的观点和资料。派迪·斯坎内尔(Paddy Scannell)和大卫·卡迪夫(David Cardiff)在《广播电视社会史》(A Social History of Broadcasting)中指出,"对公共广播电视的概念做了进一步解释,还强调分析了广播电视媒体作为一个社会中的公共组织,对社会发展起到了令人印象深刻的作用"。②

英国学者露西·金-尚克尔曼(Shankleman L. K.)的《透视 BBC 与 CNN:媒介组织管理》则从组织文化的角度对公共类、商业类两大不同媒介组织类型的代表 BBC 和 CNN 进行比较研究,提出了媒介组织的文化是内在动力和创造力的关键的观点。就 BBC 来说,如果"没有一个执迷于为英国公众提供最高的职业标准和创作标准的节目文化,BBC 也不能在组织震动的十年内保持其出色的节目质量"。③

在国内,虽然以 BBC 为研究对象的学术专著比较欠缺,但还是有不少学者在总体框架下对 BBC 的概况进行了专项研究。如汪文斌、胡正荣主编的《世界电视前沿》(2001),就对包括 BBC 在内的国外广播电视发展情况给予了详细介绍。在雷跃捷、张彩主编的《电视新闻频道研究》(2003)中,第一个章节就是"英国广播公司世界频道(BBC World)研究",认为"讨论 BBC 世界频道,首先需要了解 BBC 的基本情况和特征以及英国广播电视体制发展的背景"。④ 此外,胡正荣主编的《外国媒介集团研究》(2003)、唐世鼎和黎斌主编的《世界电视台与传媒机构》(2005)、明安香主编的《全球传播格局》(2006)等都

---

① Elizabeth Jacka, "Democracy as Defeat: The Impotence of Arguments for Public Service Broadcasting", in Television and New Media, Saga, 2003, 4, pp. 177 – 186.
② 李书藏:《冲突、妥协与均衡:英国公共广播电视体制的生成探源》,中国社会科学出版社 2011 年版,第 8 页。
③ 〔英〕露西·金-尚克尔曼:《透视 BBC 与 CNN:媒介组织管理》,彭泰权译,范红审,清华大学出版社 2004 年版,第 240 – 241 页。
④ 雷跃捷、张彩主编:《电视新闻频道研究》,中国广播电视出版社 2003 年版,第 1 页。

以一定篇幅对 BBC 进行了介绍。

专门聚焦 BBC 传媒体制和公共广播服务的研究有郭镇之的《欧洲公共广播电视历史遗产与当代解释》、金冠军和郑涵的《当代公共广播电视体制的基本类型》、张玉的《英国广播电视管理体制管窥》、刘建明和秦志希的《多维视野下英美广播制度差异形成的根源》等论文，以及李继东的《英国公共广播政策变迁与问题研究》(2007)、唐亚明和王凌洁的《英国传媒体制》(2007)、李书藏的《冲突、妥协与均衡：英国公共广播电视体制的生成探源》(2011)等专著。

近年来，在国际一流媒体的话语框架下，徐琴媛等人推出了《世界一流媒体研究》(2011)，选取了包括 BBC 在内的 27 家世界一流媒体，并从规模力、运营力和影响力三个指标出发对这些媒体进行考察，认为"公营的 BBC 由于其经费来源于公众，所以更是苦思冥想、将受众放在服务的最终端，一切为了公众的信条使它的公信力在英国无人能及"。[①] 2013 年出版的由李舒东等人著的《国际一流媒体研究》也对 BBC 进行了个案研究。

## 四、研究思路与研究方法

本书旨在以软实力为视角，在软实力的分析框架下对 CCTV - News 和 BBCWN 的国际传播发展进行比较研究，以透视中英两国电视媒体国际传播软实力的差异。具体的研究思路如下：

第一，先从总体上确立一个针对国际传播软实力研究的基本路径。门洪华曾就中国软实力的研究路径指出，中国软实力研究既需要纵向的历史视角，即将历史、现实和未来统一起来作为剖析中国软实力的一条主线，又需要横向的国际比较视角，"横向研究和纵向研究可以交织构成一个分析中国软实力的基本框架，结合历史、当前和未来勾勒出增强中国软实力的路径"。[②] 本书认同这种观点，在对国际传播软实力进行研究时也将采取相同的研究路径。

第二，对软实力的基本观点进行系统阐述，进一步厘清"软实力"与"大众传

---

① 徐琴媛等：《世界一流媒体研究》，中国广播电视出版社 2011 年版，第 39 页。
② 门洪华主编：《中国：软实力方略》，浙江人民出版社 2007 年版，第 14 页。

媒""国际传播"等概念之间的关系,并提出一个适用于分析国际传播软实力的框架。约瑟夫·奈曾在软实力概念的界定中,从"行为部分"和"潜在资源"两方面与硬实力进行了区分,并通过一些案例的佐证,暗示了软实力转化的特定条件。龚铁鹰(2007)则将软权力依据其来源划分为三种维度,即制度性权力、认同性权力和同化性权力。本书主要借鉴这两种观点,并结合传播学的相关理论,提出一个由资源维度、行为维度和认同维度三者共同组成的对国际传播软实力进行分析的框架。

第三,在纵向的历史分析和横向的国际对比"立体交织"的研究路径下,采取国际传播软实力的分析框架,从资源维度、行为维度和认同维度三个方面对研究对象展开论证。首先,在大众传媒国际化发展的历史背景下,对 CCTV 和 BBC 的国际传播发展进行梳理,从时间维度纵向呈现二者不同的发展脉络。正如罗伯特·福特纳(Robert Fortner)所指出的那样,"国际传播是一连串复杂难解的问题。以历史的观点研究国家利用传播系统对社会实行控制的问题,涉及宣传、科技控制、国际协定中的政治策略、国际组织的设置、各国人民使用传播科技的不平等及其原因,以及保护经济利益、维护社会正义的要求等问题。此外,研究还要求熟知与传播特别是国际传播相关的科技及其历史、经济和政治理论"。[①] 其次,就这些涉及的"复杂难解的问题",在分析国际传播软实力的框架下,从资源维度、行为维度和认同维度这三个维度进行横向的国际对比研究。

第四,在上述研究的基础上,得出结论。探讨 CCTV-News 与 BBCWN 的国际传播软实力有哪些相同点和不同点,它们背后所折射的社会历史因素有哪些,这些因素又是怎样左右 CCTV 和 BBC 这两大国际媒体的发展轨迹与未来走势并最终影响中英两国的软实力状况的。同时,本书在得出研究结论的基础上,还将从现实层面出发,努力为中国电视媒体的国际化建设提供具有借鉴意义的发展思路。

在具体的研究中,本书采取的研究方法主要包括比较研究法、个案研究法、

---

① 〔美〕罗伯特·福特纳:《国际传播:全球都市的历史、冲突及控制》,刘利群译,华夏出版社 2000 年版,第 35 页。

文献分析法以及局部使用的内容分析法等方法。

比较研究法,是依据特定的认识与实践目的,将一事物同其他事物的属性及特征加以对比、观照来确定事物之间的共同点和差异点的思维方法。比较研究法是人文社科领域最基本的研究方法之一,也是新闻传播、软实力研究的常用方法,它通过对大量具有可比性现象的观察和剖析来发现其中的结论或规律,有助于辨别不同事物之间的共同点和差异性,也有助于发现新事物、新特点,建构知识体系,修正原有的理论和观点。

1963年,威尔伯·施拉姆(WiburLang Schramm)等人出版了《报刊的四种理论》,该书是目前可查到的最早应用比较研究法的国际传播学著作之一。1983年,约翰·马丁(John Martin)和安居·查德哈里(Anju Chaudhary)主编的《大众媒体制度比较研究》,则使比较研究法的应用在国际传播领域的研究中达到高峰。就国内来说,1994年4月,陶涵主编的《比较新闻学》首开新闻传播学比较研究之先河。童兵的《比较新闻传播学》以多向度的视野开拓了新闻传播学比较研究的新境界。其他相关的重要著作还包括童兵的《中西新闻比较论纲》、顾潜的《中西方新闻传播:冲突·交融·共存》、张威的《比较新闻学:方法与考证》等。

而在软实力研究领域,阎学通、徐进的《中美软实力比较》、王京滨的《中日软实力实证分析》、中国现代国际关系研究院软实力课题组的《软实力国际借鉴》、刘志华和刘慧的《文化软实力研究:国外经验及借鉴》等都是国内学者运用比较研究法研究软实力的成果。从上可见,比较研究法在我国软实力研究领域中是被广泛应用的。

个案研究法也是人文社科领域的主要研究方法之一,它是关于如何处理特殊性与普遍性、微观与宏观等两两关系的研究方法。法国政治学家阿历克西·托克维尔(Alexis-Charles-Henri Clérel de Tocqueville)对美国民主和法国大革命的研究可看作是个案研究法运用的雏形,而1922年人类学家马林诺夫斯基(Malinowski)《西太平洋的航海者》的问世则是个案研究法使用史上具有里程碑意义的事件。在实际研究中,个案研究法常与比较研究法结合起来使用,以使研究成果更具有说服力。本书就选取 CCTV-News 与 BBCWN 这两个国际新闻频道作为个案研究对象,在比较的基础上,透视中英两国电视媒体国际传播软实力的异同。

文献分析法是一种被广泛运用的研究方法,它是一种通过对收集到的文献资料进行研究,以形成个人关于研究问题观点的方法。文献分析法属于非接触式研究方法,研究者从现有文献出发,根据需要对原始文献进行二次、三次的文献学理分析,然后得出相应的研究结论。

内容分析法是研究国际传播的效果时被经常使用的方法。美国传播学者伯纳德·贝雷尔森(Bernard Berelson)曾在《传播研究中的内容分析》中提出一个经典定义:内容分析,是一种对传播内容进行客观、系统和定量描述的调查方法。但当下,越来越多学者认为,内容分析还包含对传播内容诠释性的文本分析环节,因此是一种定量与定性相结合的方法。本书在对 CCTV-News 与 BBCWN 的节目内容进行分析时,就主要采用这种方法。

# 第一章　软实力视角下的国际传播阐述

本章作为全书的起始章节,主要从理论角度对软实力视角下的国际传播进行阐述。首先,从"软实力之父"约瑟夫·奈提出软实力观点的时代背景出发,对软实力的基本内涵进行梳理,明确其概念的界定和来源,并对软实力的基本路径实现进行分析;其次,对大众传媒和软实力的关系进行辨析,提出大众传媒是软实力的一种资源,不等同于软实力,但是是提升软实力的重要工具;最后,对国际传播和软实力的关系进行探讨,综合约瑟夫·奈和其他研究软实力学者的观点,并结合传播学的相关理论,提出一个基于资源维度、行为维度和认同维度的国际传播软实力分析框架。

## 第一节　软实力的基本内涵

### 一、软实力概念提出的背景

20 世纪 80、90 年代,恰逢世界进入新的实力转移期,美国本土兴起一种新的学说——"美国衰落论",该学说认为美国的霸权正在衰落。比较有代表性的是 1987 年美国耶鲁大学教授保罗·肯尼迪(Paul Kennedy)在《大国的衰落》一书中提出的观点:美国和苏联将与历史上的大国一样,因为军事上的过度扩张而衰落,而中、苏、日、欧、美五极格局将取代美苏两极格局。①

为反驳"美国衰落论",被称为"软实力之父"的美国政治学家约瑟夫·奈于1990年出版《注定领导世界——美国权力性质的变化》一书,并指出,"我认为,美国不仅是军事和经济上首屈一指的强国,而且在第三维度即软实力上,也无人能与之匹敌"。② 这是他首次明确提出"软实力"概念,并从一个新的视角指出美国的实力并没有衰落,只是其本质和构成正在发生变化。

作为一个率先在国际关系领域提出的概念,"软实力"的诞生和发展深受该领域的主导理论——权力论的影响。权力论隶属于西方政治学的研究范畴,最早可追溯至16世纪意大利政治思想家马基雅维利(Machiavelli)的"权力政治观"和19世纪德意志俾斯麦(Bismarck)的"铁血政治",后由"二战"中的美国国际政治学者汉斯·摩根索(Hans J. Morgentha)以及"冷战"时期的美国学者基辛格等人进一步丰富和完善。在两次世界大战及"冷战"期间,权力论一度占据美国国际关系理论的主导地位。

那么,什么是"权力"呢? 美国的摩根索指出,权力是"人支配他人的意志和行动的控制力"。③ 美国学者丹尼斯·朗(Dennis H. Wrong)认为,权力是"控制或影响他人的能力"。④ 另一位美国学者雷伊·克莱因(Ray S. Cline)则主张,"在国际舞台上所谓的实力,简言之,就是一国政府去影响他国去做本来不愿意为之的某一种事情的能力;或是使他国不敢做本来跃跃欲试的某一种事情的能力;而不论其影响方式是利用说服、威胁或明目张胆的诉诸武力"。⑤ 由此看来,由权力论定义的国家关系本质上即是对权力的争夺,这是国际竞争的唯一目标,权力的大小最终决定国家利益获得的多少。虽然,在权力论的表述里没有明确提出软实力概念,但已经和软实力的观点相当接近了。

---

① Paul Kennedy, *The Rise and Fall of The Great Powers: Economic Change and Military conflict from 1500 to 2000*, London, Unwin Hyman, 1988.
② 〔美〕约瑟夫·奈:《软实力:权力,从硬实力到软实力》,马娟娟译,中信出版社2013年版,第14页。
③ 〔美〕汉斯·摩根索:《国家间政治:权力斗争与和平》,徐昕、郝望、李保平译,北京大学出版社2006年版,第30页。
④ 〔美〕丹尼斯·朗:《权力论》,陆震纶、郑明哲译,中国社会科学出版社2001年版,第30页。
⑤ 〔美〕雷伊·克莱因:《1980年代世界权力趋势及美国外交政策》,奚明远译,黎明文化事业股份有限公司1982年版,第6页。

此外,两位美国的政治学家彼得·巴克莱奇(Peter Bachrach)和摩尔顿·拜拉茨(Morton Baratz)提出了权力的"第二张面孔",这一观点的提出成为软实力诞生的直接灵感。1962年,他们在美国《政治学评论》上发表了《权力的两张面孔》,次年又发表了《决定与非决定:一种分析框架》,这两篇文章都对权力的属性和同化问题进行了分析,由此开了软权力研究的先河。

总的来看,约瑟夫·奈提出的软实力概念,一方面得到了权力论一脉相承的理论滋养,另一方面却是在与"美国衰落论"的对决中产生的。而与之相对应的时代背景,成为"软实力"最终得以胜出的根本原因。

几乎同一时期,国际政治形势风云突变:1988年,苏联深陷阿富汗战争泥潭被迫撤军;1989年,柏林墙倒塌,东欧发生剧变;1991年,苏联急剧衰落,迅速解体。一时间,世界两大超级大国、两大阵营长期对峙的冷战局面突告结束。这一切发生得让人摸不着头脑:"曾经雄霸一时的超级大国怎么突然崩塌了?横跨欧亚大陆的国际阵营怎么突然解体了?"

恰恰此时,约瑟夫·奈提出的"软实力"概念正好填补了这一理论真空。他指出,美国能够领导世界的原因不仅是因为美国拥有强大的政治、经济和军事等"硬实力";更重要的是具备了卓越的文化、政治价值观与外交政策等"软实力",[①]"软实力和硬实力共同促成了'冷战'胜利。硬实力制造了军事遏制,软实力从内部瓦解了苏联体系"。[②]

"军事力量和政治许诺为美国在欧洲获得冷战胜利奠定了重要的基础,但真正赢得人心的是美国经济和文化的魅力,它们引领年轻人追求西方式民主……当真正的消费兴起时,真正的社会主义就很可能要被淘汰出局了"。[③] 约瑟夫·奈的观点,尽管囿于视野的局限性,不免带有浓厚的意识形态色彩,但已经开始让国际政治领域、理论界重新审视国家实力的真正内涵了。

---

[①] 〔美〕约瑟夫·奈:《柔性权利》,吴家恒、方祖芳译,时报文化出版社2006年版,第41页。
[②] 〔美〕约瑟夫·奈:《软实力:权力,从硬实力到软实力》,马娟娟译,中信出版社2013年版,第69页。
[③] 〔奥〕莱因霍尔德·瓦根莱特纳:《娱乐帝国》,第506页。

## 二、软实力的界定及来源

2004年,约瑟夫·奈出版了《软实力:权力,从硬实力到软实力》一书,进一步阐释并发展了软实力概念,他说,"何谓软实力?它是一种依靠吸引力,而非通过威逼或利诱的手段来达到目标的能力"。① 他提出,一个国家的综合国力既包括由经济、科技、军事实力等表现出来的"硬实力",也包括文化和意识形态吸引力体现出来的"软实力"。

为了更清楚地界定软实力,他对软实力和硬实力做了区分:一是行为部分,即硬实力依靠诱导、胁迫的命令方式得以实施,而软实力依靠议程设置、吸引的同化作用发挥效用;二是潜在资源,即硬实力的潜在资源包括武力、交易、制裁和贿赂,而软实力包括制度、价值观、文化和政策(见表1-1)。

表1-1 硬实力和软实力的比较差异②

| | 硬实力 | 软实力 |
|---|---|---|
| 行为部分 | 命令 ← 胁迫 诱导 | 议程设置 吸引 → 同化 |
| 潜在资源 | 武力 交易<br>制裁 贿赂 | 制度 价值观<br>文化 政策 |

按照约瑟夫·奈的观点,"软实力和硬实力密切相关,都是通过影响他人行为,进而达到自己目的的能力。二者的区别在于其行为的性质,以及资源的有形程度。控制力,即改变他人行为的能力,以强迫或利诱作为手段;同化力指的是影响并塑造他人意愿的能力,依赖的是文化和价值的吸引力,或者通过操纵议程令人知难而退的能力。控制力和同化力之间涵盖了多种行为:从强迫到经济诱惑,从议程设置到纯粹的吸引"。③

---

① 〔美〕约瑟夫·奈:《软实力:权力,从硬实力到软实力》,马娟娟译,中信出版社2013年版,第12页。
② 〔美〕约瑟夫·奈:《软实力:权力,从硬实力到软实力》,马娟娟译,中信出版社2013年版,第12页。
③ 〔美〕约瑟夫·奈:《软实力:权力,从硬实力到软实力》,马娟娟译,中信出版社2013年版,第11页。

同时,依据行为、主要手段及政策策略的不同,约瑟夫·奈将实力划分为三种类型:军事实力、经济实力和软实力。其中,军事实力和经济实力又统称为"硬实力"(见表1-2)。

表1-2 约瑟夫·奈提出的三种实力类型①

|  | 行为 | 主要手段 | 政府策略 |
| --- | --- | --- | --- |
| 军事实力 | 胁迫<br>阻碍<br>保护 | 威胁<br>武力 | 强制性外交<br>战争<br>结盟 |
| 经济实力 | 引诱<br>胁迫 | 交易<br>制裁 | 援助<br>贿赂<br>制裁 |
| 软实力 | 吸引<br>议程设置 | 价值观<br>文化<br>政策<br>制度 | 公共外交<br>双边或多边外交 |

从约瑟夫·奈的种种表述来看,软实力自始就是从国家的宏观层面提出来的,"国家软实力"即软实力的应有之义。软实力和硬实力共同构成了一个国家实力的总和。但和军事实力、经济实力这两种硬实力相比,软实力未免显得有些抽象。对此,约瑟夫·奈未能给出更加明确的阐释,只是指出了软实力的几种来源:文化(在其能发挥魅力的地方)、政治价值观(无论在国内外都付诸实践)、外交政策(当其被视为合法,并具有道德权威时)。②

约瑟夫·奈对此进行了阐述。他认为,文化首先是为社会创造意义的一整套价值观和实践的总和,通常表现为文学、艺术、教育等主流社会所推崇的高雅文化,以及侧重大众娱乐的流行文化。文化软实力的基本内核是普世价值观,狭隘的文化和价值观不可能产生软实力。其次,一国政府在国内政策(例如民主)、国际机制(例如与他国合作)、对外政策(例如促进和平、提倡人权)中所倡

---

① 〔美〕约瑟夫·奈:《软实力:权力,从硬实力到软实力》,马娟娟译,中信出版社2013年版,第41页。
② 〔美〕约瑟夫·奈:《软实力:权力,从硬实力到软实力》,马娟娟译,中信出版社2013年版,第15页。

导的价值观能够强烈影响他国的喜好。最后,政府的政策既能巩固软实力,也能轻易地将之挥霍殆尽。虚伪、傲慢、冷漠、基于狭隘的国家利益之上的内政外交只会损害软实力。①

由此可见,按照约瑟夫·奈的观点,文化、政治价值观和外交政策是软实力的几种来源,但它们并不等同于软实力,只有当它们符合某种条件时才能转化为软实力。在这种意义上,文化、政治价值观和外交政策都应当具有普世价值,能够被世界上大多数国家接纳、认可,这时它们才能产生软实力,反之,只会损害软实力。换句话说,真正有效的软实力总是具有某种普世性的,能够为大多数国家所承认,而不只是某一特定国家的价值取向。

**三、软实力实现的基本路径:公共外交**

在约瑟夫·奈关于软实力的论述中,公共外交(public diplomacy)是软实力的政府策略之一。"一个国家的文化价值、制度政策、经济和社会发展模式吸引力不可能自动对目标受众,即国外的政府官员、意见领袖、普通公众产生影响,需要借助公共外交来争取目标受众对一个国家软实力的正面评价"。②

公共外交概念首先由美国塔夫兹大学弗莱彻法律与外交学院院长埃德蒙·格里恩(Edmund Gullion)于1965年提出,"公共外交旨在处理公众态度对政府外交政策的形成和实施所产生的影响。它是超越传统外交范围以外的国际关系的一个层面,包括一国政府在其他国家境内培植舆论,该国国内的利益集团和另一国内的利益集团在政府体制之外的相互影响,以通讯报道为职业的人如外交官和记者之间的沟通联系,以及通过类似过程对政策制定和涉外事务的处理造成影响"。③ 作为公共外交最早的实践国,美国国务院将其定义为"由政府发起交流项目,利用电台等信息传播手段,了解、获悉和影响其他国家的舆

---

① 〔美〕约瑟夫·奈:《软实力:权力,从硬实力到软实力》,马娟娟译,中信出版社2013年版,第16—20页。
② 蒋昌建:《波动中的软实力与新公共外交》,《现代传播》2011年第8期。
③ "What is Public Diplomacy?",http://www.publicdiplomacy.org/1.htm,accessed on 2$^{nd}$,October 2007.

论,减少其他国家政府和民众对美国产生错误观念,避免引起关系复杂化,提高美国在国外公众中的形象和影响力,进而增加美国国家利益的活动"。① 国内有学者认为,"公共外交是一个国家为了提高本国知名度、美誉度和认同度,由中央政府或者通过授权地方政府和其他社会部门、委托本国或者外国社会行为体通过传播、媒体、公关等手段与国外公众进行双向交流,开展针对另一个国家民众的外交活动,以澄清消息、传播知识、塑造价值进而更好地服务于国家利益的实现"。②

近年来,公共外交已成为国内外学界研究的热点议题,虽然其定义至今还未能统一,但基本达成了以下几点共识:一是,公共外交是传统外交的延伸,实施主体通常为一国政府,但"新公共外交"观点认为,随着全球化的不断扩展,公共外交的行为主体正从政府向各种非政府组织、大众传媒、跨国公司、科研院校及普通民众转移;二是,公共外交的客体通常是国外民众,其运行机制通过多种手段影响国外民众的态度和观念,从而改变公共外交实施国的利益方向,形成有利的政治生态环境;三是,公共外交的形式非常广泛,除了通常的新闻传播、教育文化交流外,还包括领导人出访、旅游、商贸活动、体育赛事、国际援助、国际范围的民意测验,甚至"个人外交""休闲外交""灾难外交"及"第一夫人外交"等;四是,公共外交的目的通常是"为了有助于达成本国的对外利益与目的,提高本国的地位和影响力,提升国际形象,加深对本国的理解"。③ 总而言之,公共外交是为最终实现国家利益服务的。

在约瑟夫·奈关于软实力概念的论述中,公共外交是软实力的政府策略之一。国家政治目标的实现需要借助一定的政府策略,"一个国家的文化价值、制度政策、经济和社会发展模式吸引力不可能自动对目标受众,即国外的政府官员、意见领袖、普通公众产生影响,需要借助公共外交来争取目标受众对一个国

---

① "What is Public Diplomacy?", http://www.publicdiplomacy.org/1.htm, accessed on 2$^{nd}$, October 2007.
② 赵可金:《公共外交的理论与实践》,上海辞书出版社2007年版,第15页。
③ 〔日〕金子将史、北野充主编:《公共外交》,翻译组译,刘江永审校:《公共外交:"舆论时代"的外交战略》,外语教学与研究出版社2010年版,第5页。

家软实力的正面评价"。① 正如上文所述,公共外交的目的是实现国家利益,这和软实力的战略指向基本一致,同样是借助议程设置、吸引等"软"力量来影响他国,最终达到增强本国实力的目的。因此,在这种意义上,我们认为公共外交是软实力实现的路径,而软实力的提升又是公共外交的目的。

具体分析,公共外交实现软实力的路径,大致体现为以下几个方面:

第一,公共外交促进软实力资源的广泛传播。"软实力的力量来自扩散性,只有当一种文化广泛传播时,软实力才会产生强大的力量"。② 传播无疑是软实力实现的前提,也就是说,一个国家要想让外界感觉到本国的魅力和吸引力,首先就要把自己"推销"出去,让别人了解自己。而公共外交的第一步就是通过多元化的行为主体,运用多种形式将本国的文化、价值观和外交政策等软实力的潜在资源尽可能广泛地传播出去。

第二,公共外交有助于软实力"行为部分"的强化。软实力的"行为部分"体现为议程设置、吸引等的同化作用,其效果如何决定了软实力的实现与否以及实现的效用强弱。而公共外交的运行机制不仅表现为多种行为主体的议程设置,还往往由于媒体的介入,表现为大众传播和人际传播共同作用的形式,如2008年北京奥运会作为一个公共外交事件,就结合了政府、媒体、普通民众等多元主体的多种传播方式。传播学观点认为,大众传播有利于信息的扩散,促进知晓,而人际传播诉诸人的情感,有利于态度改变,这二者结合起来效果最好。

第三,公共外交的沟通机制有助于消除误解、达成共识、促进认同。在国际关系领域,这种沟通机制体现为国家间的对话,"对话正是公共外交的核心观念所在,它不回避对话,但相信对话是比对抗更优的国家事务和国际事务解决方案""公共外交保持对话观念服务本国利益,而同时也正是推动全球对话的力量之一"。③ 通过这种机制,公共外交推动国家的文化、制度、价值观和外交政策等在国际范围内获得理解和认同,最终达到提升国家软实力的目的。

---

① 蒋昌建:《波动中的软实力与新公共外交》,《现代传播》2011年第8期。
② 王沪宁:《作为国家实力的文化:软实力》,《复旦大学学报(社会科学版)》1993年第3期。
③ 胡百精:《公共外交的语境、内涵与形态》,《国际公关》2009年第2期。

## 第二节 大众传媒和软实力的关系

### 一、大众传媒的发展变迁及社会作用

"媒介"（media）来源于拉丁语，原意是"中介"，第一次世界大战后被赋予现在的含义。1923年，美国杂志《广告与销售》率先使用这一词语来表述与消费社会同时到来的现代媒介，主要指作为广告载体的报纸、杂志、广播等"大众传媒"。简单来说，大众传媒就是运用先进的传播技术和产业化手段，以社会上的一般大众为对象，进行大规模信息生产和传播活动的专业化社会组织。

尽管媒介的发展历经了更为久远的年代，但真正现代意义上的大众传媒肇始于17世纪初酝酿成型的报刊，人类社会由此才进入了大众传媒时代。根据大众传媒的发展变迁，人类社会先后经历了印刷传媒时代、电子传媒时代和网络传媒时代，这三个时代先后以报刊、广播、电视、互联网为主导媒介，而这四种媒介也是迄今为止最主要的四种大众传媒类型。

近年来，随着全球化及数字技术的发展，媒介融合成为大众传媒发展的主流趋势之一，由媒介融合衍生的手机报、在线广播、数字电视、移动电视等媒介种类极其繁多。有学者出此把是否使用数字技术作为区分标准，将报刊、广播、电视等前数字时代的媒介统称为"传统媒介"，之后以互联网为代表、由数字技术支撑的媒介统称为"新媒介"。

美国著名的传播学学者哈罗德·拉斯韦尔（Harold Lasswell）和赖特（Wright）曾对大众传媒功能进行分析，二人的研究成果成为研究大众传媒社会作用的早期经典理论。1948年，拉斯韦尔在《传播在社会中的结构与功能》一文中提出大众传媒的"三功能说"，即环境监测、社会协调和文化传承。1959年，赖特又在此基础上增加了一项娱乐功能，将大众传媒的"三功能说"发展成"四功能说"。这四项功能大致概括了大众传媒所公认的传播信息、报道新闻、引导舆论、提供娱乐和传承文化这几项主要的社会功能。尽管后人又不断对大

众传媒的社会功能进行研究,且相继提出了各种各样的观点,但总的来说都没有摆脱"三功能说"和"四功能说"的分析框架。"三功能说"和"四功能说"成为美国经典传播学派从信息传播角度对大众传媒社会作用的基本认识。

而从"知识—权力"的角度来看,大众传媒打破了特权阶级对知识的垄断,促使知识从社会上层向下层扩散;知识更新的速度越来越快,并逐渐呈现信息化、即时化和碎片化的趋势;大众传媒制造了社会"大众",并培养了大众的公共意识;公共舆论由此诞生,大众传媒借助舆论生成机制,发展成为一种特殊的社会控制力量——"第四权力"。这一环环相扣的链条,通过知识转移实现了权力的变迁,促使社会结构发生了变化,应是大众传媒对社会施加的最本质化的影响。

加拿大传播学大师马歇尔·麦克卢汉(Marshall Mcluhan)曾提出"媒介即讯息"的观点,认为媒介不仅是传播信息的载体,同时还隐喻着社会的变迁,不同媒介携带不同信息,改变着人们思考和交往的模式,并最终改变社会的结构。"因为正是媒介塑造和控制着人的组合及行为的尺度和形态""任何媒介(亦即人的任何延伸)对个人和社会产生的影响,都是由新尺度引起的;我们的任何一种延伸(或曰任何一种新的技术),都要在我们的事务中引进一种新的尺度"。[①]

在软实力理论中,约瑟夫·奈则从另一个角度探讨了大众传媒的功能和社会作用。他举例说,"伊拉克战争期间,半岛电视台等媒体在议程设置方面成为西方媒体的对手。同样的部队行进场面,在CNN的节目里是'盟军挺进',而半岛电视台则称之为'侵略者进犯'。这种情形的直接效果就是,相比1991年,2003年美国在该地区的软实力明显下降"。[②] 在这个例子里,约瑟夫·奈对比了两次伊拉克战争期间美国在中东地区的软实力状况,2003年美国在该地区的软实力明显下降,造成这一变化的关键因素竟是新闻媒体的议程设置。

对同一个新闻事件,半岛电视台(AI Jazeera)和美国CNN分别进行了不同的解读和诠释,CNN将美军进入伊拉克描述为"盟军挺进",而半岛电视台却将

---

① 〔加〕马歇尔·麦克卢汉:《人的延伸——媒介通论》,何道宽译,四川人民出版社1992年版,第3页。
② 〔美〕约瑟夫·奈:《软实力:权力,从硬实力到软实力》,马娟娟译,中信出版社2013年版,第73页。

之定义为"军事侵犯"。不同的议程设置体现了不同的媒体立场、观点和态度。结果是半岛电视台的议程设置成功了,获得了广泛的受众支持;而CNN的"落败"反而损害了美国在中东的"影响力",这一"影响力"即约瑟夫·奈所谓的"软实力"。

从上述例子来看,大众传媒的社会作用主要体现在与国家实力的互动关系上,即大众传媒既可能从整体上提升国家实力,也可能造成国家实力的损失,这正是约瑟夫·奈作为国际关系学学者透视媒体的社会作用时所采取的独特视角。正如前文所述,约瑟夫·奈将国家实力划分为军事实力、经济实力和软实力三种类型,很显然,在他看来,大众传媒正是通过作用于软实力影响国家实力的增减变化的。

## 二、大众传媒和软实力关系的主要观点

约瑟夫·奈对大众传媒和软实力的关系进行了一定程度上的探讨,但并没有提出一个"大众传媒"和"软实力"的交叉概念。2008年,国内学者蒋晓莉和李建华在《文化软实力与传媒软实力》一文中,首次明确提出了"传媒软实力"的概念;2009年,喻国明和焦国栋在《中国传媒软实力发展报告》一书中,强化了这一概念。此外,一些学者也基于自身学术研究需要就相关议题进行了研究。

具体来看,在阐述大众传媒与软实力的关系时,目前主要有两种观点:

第一种观点:大众传媒本质上是一种软实力。

大多数学者对这种观点持肯定态度。例如,胡鞍钢认为,作为一种"软力量",传媒是世界重要国家之间长期博弈的重要手段,在国际竞争中发挥着不可忽视的作用。[①] 张晓群指出,"传媒更重要的作用是传播文化和价值观,在国与国的竞争中尤其如此。约瑟夫·奈是在国家竞争的意义上定义硬实力和软实力的,在这样一种概念框架下,传媒应当归入软实力的范畴"。[②] 喻国明认为,

---

① 胡鞍钢:《中国传媒迅速崛起的实证分析》,《战略与管理》2004年第2期。
② 门洪华主编:《中国:软实力方略》,浙江人民出版社2007年版,第102页。

"传媒作为一种实力,具有硬实力的某种属性。这一属性主要表现在传媒的基础设施和产业功能上……它对社会发展更大的贡献是以模拟环境、议程设置、交流观点和舆论导向等形式出现的,其实力体现在对国内的动员力和国外的影响力,是一种实现价值的软力量。因此从本质上来讲,传媒实力是一种软实力"。①

第二种观点:大众传媒既是硬实力也是软实力。

持这种观点的代表学者是程曼丽,她认为,"如果按照约瑟夫·奈关于'软''硬'实力的区分标准(硬实力是有形的力量资源,软实力是无形的力量资源)进行考量的话,我们会发现,大众传媒中的一部分固然属于软实力,而它的另一部分,即'有形'部分,则应归入硬实力的范畴"。② 在她看来,大众传媒作为工具、载体、物质技术手段的"有形"资源被认为是传媒的硬实力,而其他有助于其传播活动产生影响力的"无形"资源部分,则被认为是传媒的软实力。她因此强调,虽然"这种'有形的力量资源'可以投射出'无形的力量资源',因而可以被列入软实力的评估指标体系——就像约瑟夫·奈曾经做的那样;然而严格地说,这样与一个国家经济发展、国力增长密切相关的数据和指标,应当属于硬实力的指标范畴"。③

上述两种观点无疑都符合软实力理论对大众传媒的基本判断,但本书对软实力的把握着重强调两个方面:一是软实力来源不等同于软实力,只有当它符合约瑟夫·奈所要求的某种条件时,才会转化为软实力;二是采取约瑟夫·奈从国家宏观层面对软实力的界定,即认为软实力是和军事实力、经济实力等硬实力并列的三种国家实力类型之一。因此,本书认为,大众传媒更确切地说应该是一种国家软实力资源,而不等同于软实力;同时,从工具论的角度来看,大众传媒还是提升国家软实力的重要工具。

---

① 喻国明、焦中栋:《中国传媒软实力发展报告》,同心出版社 2009 年版,第 34、37 页。
② 程曼丽、王维佳:《对外传播及其效果研究》,北京大学出版社 2011 年版,第 64 页。
③ 程曼丽、王维佳:《对外传播及其效果研究》,北京大学出版社 2011 年版,第 65 页。

## 三、大众传媒是一种国家软实力资源

按照约瑟夫·奈的观点,软实力的潜在资源包括"制度""价值观""文化"和"政策"四个方面,并没有提及大众传媒。然而,值得注意的是,约瑟夫·奈的定义并非一个严谨的学术定义。

首先来看,潜在资源中的"文化"是什么?可以说,从古至今,文化伴随着人类历史发展的进程,构筑了人类社会存在的基础。然而对这个人类历史的基本问题,恐怕至今也难以准确解释清楚,不同学科背景的人只是从各自不同的视角给出了不同定义。目前比较公认的看法是,英国人类学家爱德华·泰勒(E. B. Tylor)是第一个在文化定义上做出重大贡献的人。1871年他在人类文化研究的开山之作《原始文化》中,将"文化"定义为"一个复杂的总体,包括知识、信仰、艺术、道德、法律、风俗以及人类在社会里所得的一切能力和习惯"。① 从这个定义来看,文化主要指的是人类的精神产品及其相应载体,同人类的物质活动相对应。

早期的文化研究先驱 R.霍格特(R. Hoguet)、R.威廉斯(R. Williams)等人则主张把文化看作一种生活经验或社会实践,"文化是普通日常生活的产物,由全体社会角色共同创造,而不是只由特权精英们创造"。② 显然,从总体上看,文化研究学派开创的"文化即生活"的观点和泰勒对文化的界定相比,内涵和外延都要宽泛得多。

根据文化结构的不同,当代学者将文化分为物质文化、制度文化和精神文化三个层面。其中,物质文化指人在物质生产活动中创造的全部物质产品以及创造这些物品的手段、工艺和方法等;制度文化指人们为反映和确定一定的社会关系,并对这些关系进行整合和调控而建立的一整套规范体系;精神文化也称观念文化,是以心理、观念和理论形态存在的文化。精神文化又包括两个组成部分:一是存在于人心中的文化心态、文化心理、文化观念、文化思想和文化

---

① http://baike.baidu.com/view/3662428.htm.
② 〔加〕文森特·莫斯可:《传播政治经济学》,华夏出版社2000年版,第242页。

信念等;二是已经理论化、对象化的思想理论体系,即客观化了的思想。

根据以上对文化内涵的简要分析,约瑟夫·奈对软实力潜在资源的认识存在以下问题:一是在其所指称的软实力的潜在资源中,"文化"应是一个相对狭义的文化,但即便如此,也应包含其他诸如"价值观""制度"和"政策"等要素,它们之间是包含与被包含的关系,而不是可以并列的关系;二是根据文化结构的区分,"制度"和"政策"属于"制度文化","价值观"属于"精神文化",而"文化"在这里显然成了一个模棱两可的概念;三是"物质文化"没有被包含在内,而作为人类文化的物质载体,包括建筑、绘画、雕塑等在内的物质文化同样可以从国家层面上产生强大的吸引力,从这个意义上来看,也应被纳入软实力的潜在资源的范畴。由此可见,基于国家战略角度提出来的软实力概念,其理论上的建构并不严谨。但无论从哪种角度来看,"文化"都当仁不让,属于软实力重要的潜在资源之一。

由此反观大众传媒。首先,从广义上来说,大众传媒是人类社会经验的成果,同时也是社会经验的产生过程;从狭义上来说,它是人类精神产品的载体和文明的实际创造物,因此无论是从广义上还是狭义上来看,都从属于文化范畴。其次,大众传媒的社会实践形式是"传播",而"传播"无疑和"文化"有着紧密的联系,正如美国语言学家萨丕尔(Sapir)所说的那样,"文化是传播的同义词,实际上二者在很大程度上同构、同质"。[①] 此外,大众传媒的基本功能之一就是传播文化和价值观,在国与国的竞争中尤其如此。综上所述,大众传媒不仅是文化的创造物、文化的载体,更是文化本身。鉴于文化是软实力的潜在资源,大众传媒的基本性质即是一种重要的软实力资源。

## 四、大众传媒是提升国家软实力的重要工具

正如前文所述,软实力的"行为部分"可以表述为议程设置、吸引的同化作用等,以区别于硬实力的诱导、胁迫等命令方式。由于议程设置和吸引的同化

---

[①] 肖小穗:《传媒批评》,黑龙江人民出版社2002年版,第99页。

作用在本质上基本一致,因此本书考察软实力的"行为部分"时,主要考察的是议程设置的各种作用机制。

议程设置的观点最早源于美国舆论学奠基人、传播学早期的重要人物沃尔特·李普曼(Walter Lippmann)。李普曼于1922出版了《公共舆论》一书,并在书中提出了著名的"拟态环境"思想。所谓"拟态环境",也就是我们所说的信息环境,它并不是现实环境镜子式的再现,而是传播媒介通过对象征性事件或信息进行选择和加工,重新结构化后向人们提示的环境。"拟态环境"揭示了媒介环境的主观性,以及它以客观面貌出现而具有的迷惑性,而正是通过这种对现实环境在某种程度上的主观建构,大众传媒实现了其对现实世界的影响。后来经其他学者进一步发展,"拟态环境"逐步发展成了议程设置理论。1968年,美国北卡罗莱纳大学的两位学者马尔科姆·麦库姆斯(Maxwell McCombs)和唐纳德·肖(Donald Shaw)对李普曼的观点进行实证研究,最终于1972年在《舆论季刊》上发表了《大众传播的议程设置功能》一文,该文的发表标志着议程设置理论的正式诞生。

作为议程设置思想的提出者,李普曼曾供职于多家新闻媒体,其从业经历对他日后提出"拟态环境"观点、写作《公共舆论》一书并最终创立舆论学起了重要作用。他的研究成果后来也成为传播学诞生的重要源头之一。因此,受李普曼的思想启发形成的议程设置理论,至今仍是大众传媒研究的重要理论之一。

议程设置被认为是媒介影响社会的重要方式,它揭示了大众传媒社会实践的作用机制和影响机制。"议程设置是一个关于显要性转移的理论,亦即大众媒介描绘的关于世界的重要图画转移到我们头脑中,成为我们头脑中的图画。其核心理论观点是,媒介图画中的显著成分会成为受众图画中的显著成分。公众也会认为媒介议程上强调的这些成分是重要的。"①国内学者郭庆光在《传播学教程》一书中对此做了进一步解释:"传播媒介根据自己的价值观和报道方

---

① 〔美〕马克斯韦尔·麦库姆斯:《议程设置:大众媒介与舆论》,郭镇之、徐培喜译,北京大学出版社2008年版,第81页。

针,从现实环境中'选择'出它们认为重要的部分或方面进行加工整理,赋予一定的结构秩序,然后以'报道事实'的方式提供给受众。在现代社会里,由于大众传播是人们获得外界信息的主要渠道,不管这种'再构成'是对现实环境的客观反映还是歪曲的反映,都会影响人们对周围环境的认识和判断。"①具体来说,大众传媒通过赋予各种议题不同程度的显著性的方式影响人们对客观世界的感知和判断。由此看来,大众传媒影响社会的方式就是议程设置,其结果就是要让受众在不自觉的状态下接受媒介关于世界的描绘,在潜移默化中受到影响,这无疑和约瑟夫·奈对软实力"行为部分"的定性是接近的。因此,从这个角度来看,大众传媒的行为模式本身就将对软实力产生影响。

此外,前文还提到公共外交是软实力实现的基本路径,"公共外交可以通过与国外公众直接交流和间接交流的方式赢得其对一个国家文化、制度和模式的理解和认同。直接交流就是类似文化交流、教育交换、经济往来等;间接交流就是通过各种传播工具,报纸、广播、杂志、电视、互联网、手机等,传播有关信息来塑造目标受众的态度和舆论"。② 而新闻传播即是一种主要的公共外交形式,由此可见,大众传媒作为新闻传播的主体和载体,无疑也是实现软实力的重要途径。

综上所述,无论是从大众传媒的议程设置方面考量,还是从公共外交的角度考察,大众传媒的实践活动都是实现软实力的重要路径,它大多以模拟环境、议程设置、传播观点和舆论导向等形式对社会产生影响,其力量体现在对受众的认知、态度和行动等的改变上。因此,仅从正面作用来看,大众传媒的一个重要属性应是提升软实力的重要工具。

### 五、大众传媒和软实力之间的转化

作为一种国家软实力资源,同时也是提升国家软实力的重要工具,大众传媒并不简单地等同于软实力。软实力资源和软实力之间的差别,恰恰在于软实

---

① 郭庆光:《传播学教程》,中国人民大学出版社1999年版,第215页。
② 蒋昌建:《波动中的软实力与新公共外交》,《现代传播》2011年第8期。

力的实现与否。

由前文可知,约瑟夫·奈在对软实力进行界定的时候不仅强调了资源维度和行为维度两个维度,还强调了一个条件,即是否拥有普世价值,龚铁鹰将其进一步引申为"认同性权力"。

龚铁鹰指出,认同性权力的概念受到建构主义"认同"概念的启示,主要是指国际关系中的主导国家通过使其他行为体认同其主导国身份而具有的权力。与建构主义的"认同"不完全一致,认同性权力是主导国家依靠自身的影响力,获得具有共有知识的行为体的认同,在这些行为体中获得领导地位。其中,主导国家获得认同性权力最重要的条件有:(1)要有远远超出其他行为体的强大实力;(2)作为同盟的领导者,要给其他行为体以利益,从而引导它们自觉地追随自己。[①] 根据这种观点,大众传媒能否转化为软实力,如果从国家的宏观层面来看,就是大众传媒所属国能否获得这种认同性权力,这不仅要受传媒机构自身传播活动的影响,更重要的是要受国家的综合实力、国际地位及国际认可度等综合因素的制约,是一个非常复杂的、系统性的工程。这也就是为什么不能简单地把大众传媒归为软实力。

此外,还需要特别指出的是,约瑟夫·奈的理论界定实际上还存在很多混淆不清的地方。有学者就指出,"学界公认军事实力、经济实力是硬实力,但这两者依然可以衍生出软实力。军事实力在攻击他方时,是硬实力的展现,但在承担维和、救援、救灾等任务过程中,又可产生出明显的软实力效果。经济实力在进行'制裁'或对某些统治集团或统治者进行'利诱''收买'时,是硬实力的表现,但在经济援助或抗击经济风险过程中,又能产生较大的软实力效应"。[②] 这一论述提示我们,约瑟夫·奈的三种实力划分并不完全科学和严谨,军事实力和经济实力并不总是属于硬实力,当这两种实力的潜在资源在采取武力、威胁、制裁、利诱等直白而强硬的手段时,产生的是硬实力;而当其采取吸引、同化等隐蔽和柔性的手段时,产生的则是软实力。因此,究竟产生软实力还是硬实

---

① 龚铁鹰:《论软权力的维度》,《世界经济与政治》2007 年第 9 期。
② 刘相平:《对"软实力"之再认识》,《南京大学学报》2010 年第 1 期。

力,不单单取决于潜在资源的类别,更取决于潜在资源运用的方式及效果。

有学者建议,"从行为主体利用资源的意图、行为方式、追求的效果以及实际产生的效果来区分硬实力和软实力比从资源形态角度区分更有理论和实践意义。军事、经济、科技、文化等资源本为中性,只有当被不同的行为主体怀着不同的目的、采用不同方式并产生不同的效果时,才产生硬力量(如强制力、威慑力)或者软力量(如吸引力)"。① 本书赞同此观点,这个观点也再次强调了不能简单地将大众传媒等同于软实力。作为一种潜在资源,它不具备任何实力(或权力)的性质,而只有当它采取软实力的运作方式,并产生了软实力的效果,才能最终转化为软实力。鉴于大众传媒只有一种议程设置的运作方式,而议程设置正是典型的软实力方式,因此考量大众传媒的软实力实现与否,主要在观察其实际效果,或者说它是否获得了某种程度上的"认同性权力"。

## 第三节 国际传播与软实力的分析框架

### 一、国际传播的历史发展和特点

国际传播是大众传播的一种。目前,学术界关于国际传播普遍存在着广义与狭义两种理解:前者指"一个国家以上的个人、群体或政府官员的跨越被承认的地理性政治边界的各种传播"②;后者指"依靠大众传播媒介进行的跨越国界的信息传播,而不涉及跨国的人际传播或人际交流"。③ 也就是说,广义的国际传播是指以政府、大众传媒、其他社会组织和群体以及个人为传播主体的跨越国界的传播活动;而狭义的国际传播仅指以大众传媒为主体的跨国传播活动。由于本书的研究对象为大众传媒,为避免不必要的论述,本书所指国际传播均

---

① 钟新:《新公共外交:软实力视野下的全民外交》,《现代传播》2011 年第 8 期。
② James W. Markham (ed.), *International Communication as a Field of Study*, Iowa: University of Iowa Press, 1970, "preface".
③ 〔美〕罗伯特·福特纳:《国际传播:全球都市的历史、冲突及控制》,刘利群译,华夏出版社 2000 年版,第 6 页。

是狭义上的国际传播。

既然以大众传媒为传播主体,国际传播诞生和发展的每一个历程自然伴随着大众传媒的每一次转型和变迁。国际传播最初源于17世纪初期人类社会最早的大众媒介——报纸诞生之际。从17世纪到19世纪,西欧各国的殖民者借助包括蒸汽发动的轮船、火车等在内的新兴现代运输工具,源源不断地将本土的资产阶级报纸带往世界各地。由此,一张以欧洲为起点,将欧、亚、非、南美、北美洲连接起来的世界性信息传播网络初步显露出来,国际传播体系初见端倪。到19世纪中叶,批量生产和供应新闻信息的专门机构——通讯社出现。通讯社的出现极大地提高了报纸传播的时效性和覆盖面,从而夯实了人类传播史上由报纸构建起来的国际传播网络基础。

20世纪初,随着广播、电视等电子传播媒介的相继问世,国际传播开始进入新的发展阶段——一个由广播和电视先后起主导作用的多元化发展阶段。无线电广播天生就是跨国界的,尤其是接踵而来的第二次世界大战和"冷战",促使广播这种不受国界限制的媒体,将其穿透力强、覆盖面广且能轻易跨越障碍的传播特性发挥到了极致。战争期间,无线电广播在国际宣传中显示出极大的威力,并以国际广播这一形式形成了当时独特的国际传播体系,成为"战争总动员"和打击敌人的利器。而电视无疑是人类社会最重大的发明之一,尤其是卫星电视的出现对国际传播的发展更具有划时代的意义。卫星电视跨越了不同国家和地区的电视台、转播台等一系列中间环节,直接面向全球受众传送节目,使不同国家和地区的受众能在同一时间内共享电视节目,其跨越国界的即时传播、共时传播在现实生活中得以实践。由此,国际传播借助广播和电视也达到了空前的高度。

20世纪90年代,被称为"第四媒体"或"新媒体"的互联网正式诞生,并逐步推广。互联网给国际传播带来了颠覆性的改变,"在几千年里破天荒第一次,物理空间不再是阻碍人类在国际传播领域中互动的一个不可逾越的障碍,过去的'空间地理'已变成'体验地理'"。[1] 互联网最大的优势在于其极强的穿透

---

[1] Yahya R. Kamalipour (ed.), *Global Communication* (second edition), Thomson Wadsworth, 2007, p.1.

性,它超越了以往任何一种媒介,使任何一个掌握互联网知识的个体都能介入到全球范围的信息传播中,个体第一次有了以主体的身份参与国际传播活动的权利。此外,政府等权力部门对信息传播进行干预和把控的可能性也越来越小,信息正以前所未有的速度扩散,并促使权力的转移,从而把国际传播的发展又提升到了一个新的高度——国际传播的全球化阶段。

作为一种独特的传播活动,国际传播具有和一般意义上的大众传播不同的特点:

一是跨国界。国际传播天生就是一种跨越国界的传播活动,这是国际传播之所以被称为国际传播的根本原因,也是其定义中的应有之义。

二是政治性。"从某种意义上讲,所有国际传播都带有政治色彩。传播可以公开带有政治性质,也可以隐含有政治色彩",①"这是因为政治因素跨越了国家和民族的界限,因为不加控制的信息威胁到了知识垄断这一政权统治的基础"。②政治性,可以说是国际传播的本质。

三是跨文化特征。跨文化是跨越国界这一地理因素在文化领域的延伸,没有任何两个国家的文化是一模一样的,因而跨国界的传播一定是跨文化的。

四是技术性。国际传播对技术有高度的依赖性,国际传播体系的构建有赖于强大的技术支撑,而技术的每一次重大进步,都会带来国际传播形态的根本变革。

五是以国家利益为导向。国际传播的本质是政治性,政治本质导致的结果必然是国家利益至上,任何国际传播行为的发生、发展都是以国家利益为导向的,没有国家概莫能外。

## 二、国际传播、公共外交与软实力的辨析

从软实力视角对国际传播进行分析,是一个跨学科的范畴。我们在进行跨学科研究时,需要进行不同学科的话语对接和理论勾连,这是一个无法避开的

---

①② 〔美〕罗伯特·福特纳:《国际传播:全球都市的历史、冲突及控制》,刘利群译,华夏出版社2000年版,第8页。

问题。因而,在本书中我们需要进一步厘清国际传播、公共外交以及软实力这三个关键的学术用语之间的关系,以保障在论述过程中逻辑的一致性,并在此基础上,提出一个可供操作的国际传播软实力的分析框架。

(一)软实力是国家实力的组成部分,公共外交是软实力实现的基本路径

在本书中的软实力概念采用的是约瑟夫·奈给出的界定,即认为软实力是从国家宏观层面提出来的,是国家实力的重要组成部分。如同硬实力一样,软实力的最终目的是服务于国家利益。同时,作为一个源于国际关系领域的概念,软实力延续了权力论的基本理念,即国家利益由权力的大小决定,国家间不存在利益上的和谐关系,比起追寻人权、社会主义、裁军、法律和国际组织者等理想目标,在现实世界中赤裸裸地追求自身利益的实现,更符合国家安全的需要。可以说,软实力的提出有其现实意义,它不仅丰富了国家实力的内涵,同时还揭示了软实力之于国家宏观战略发展的重要性。

本书所提及的软实力均是指这种服务于国家利益的软实力,是一种国家层面上的软实力。在目前的研究中,由于相关议题的泛化,不同学者提出了不同领域、不同层面的软实力,如"文化软实力""外交软实力""军事软实力""传媒软实力""城市软实力""企业软实力"等。为避免概念不统一而引起叙述上的混乱,本书统一将软实力界定为国家宏观层面上的软实力。

公共外交是软实力实现的基本路径之一,这在前文中已有论述,在此不再赘述。

(二)国际传播是公共外交的一种形式

目前,学者就国际传播和公共外交关系的论述呈现出比较多样化的观点,有学者认为公共外交是国际传播的一种,也有学者认为国际传播是公共外交的一种,甚至还有学者认为它们是不同话语语境下的同一个事物。

应该承认的是,国际传播和公共外交这两个来自不同学科背景的学术概念的确有很多相似的地方。例如,二者都与政治密切相关,都以国家利益为导向,

研究的都是以外国公众为客体的信息交流活动,等等。只不过,在研究的侧重点上,前者更注重跨越国界的信息传播,使用的是传播学的语言;而后者更侧重国与国之间的外交关系,使用的是政治学话语。

本书认为,广义的国际传播在内容上同公共外交大体相当,狭义的国际传播是公共外交的一种。约瑟夫·奈曾经指出,公共外交"一部分内容是传播信息、塑造正面形象,另一部分内容则是建立长期的关系,为政府政策的推行营造有利环境。它包含三个层次:(1)日常报道工作,包括对政府内外政策的说明。(2)战略传播(strategic communication),通过多项有象征意义的活动和传播宣扬一整套简明的主题或推行政府特定的政策。(3)通过多年的努力(设立奖学金、交换学者、培训、学术会议、团体会议、开放媒体等),同各国重要人物建立永久性的关系"。[①] 这是目前学界对公共外交比较有代表性的认识,在内容上和广义的国际传播是大体相当的。本书所指的国际传播是狭义上的国际传播,其外延要比公共外交窄得多,属于公共外交的一部分,因此认为,狭义上的国际传播是公共外交的一种形式。

(三)国际传播是实现软实力的重要途径

鉴于公共外交是软实力实现的基本路径之一,那么作为公共外交的一种重要形式,国际传播无疑也是实现软实力的重要途径。正如国际传播学学者关世杰指出的那样,"国家软实力是国家综合实力的重要组成部分,其核心是国家影响力,而国家影响力的扩大离不开国际传播,这就使国际传播与国家软实力之间具有某种因果关系"。[②] 而国际传播拥有的强大影响力早已为实践所证明,当前各国政府在国家软实力的建设上都非常重视国际传播的作用。

然而,不同国家的国际传播力量不同,对国家软实力的贡献也各有不同。国际传播力量强大的国家往往在传播的过程中处于主导地位,成为传播的影响国,而力量弱小的国家则越来越丧失话语权,成为被影响国。其结果必然是影

---

[①] 沈苏儒:《开展"软实力"与对外传播的研究》,《对外大传播》2006 年第 25 期。
[②] 关世杰:《国际传播学》,北京大学出版社 2004 年版,第 213 页。

响国的软实力逐步得到提升,而被影响国的软实力则相应下降。不同国家软实力的强弱对比,其背后折射出的是不均衡、不平等的国际传播秩序。

对此,批判的传播学理论有相当多的论述。例如美国权力论学者汉斯·摩根索最早提出的"文化帝国主义"概念,将批评的矛头直指发达国家对不发达国家在文化上的控制,并指出西方国家的文化和意识形态控制及其所产生的政治效应,即文化权力关系的后果。20世纪40、50年代,"文化帝国主义"被当成国家靠征服和控制人心来寻求权力的一项帝国主义政策,这在学界曾进行过广泛的探讨。1977年,奥利弗·博伊特-巴雷特(Oliver Boyd-Barrett)提出了相似的"媒介帝国主义"理论,并指出,"在此过程中,一国媒体的所有权、结构和信息的内容及其分发,要根本上屈从于某个或某几个相关国家媒体的外来压力。双方的相互影响是不完全对等的,该国受到他国的影响要大于它对他国的影响"。[1] 此外,美国国际传播学学者托马斯·L.麦克费尔(Thomas L. McPhail)提出了"电子殖民主义",并指出,它是继军事殖民、宗教殖民和商业殖民之后的第四种殖民主义,"它不同程度地改变了本土的文化、习俗、价值观和社会化进程"。[2] 这些理论和学说虽然立足于传播学立场,但实际上讨论的却是国际传播和软实力之间的关系,具有明显的政治学意义。

## 三、国际传播软实力的分析框架

"国际传播软实力"是本书的关键词,那么,什么是国际传播软实力呢?本书认为,国际传播软实力是指一个国家通过大众传媒的跨国传播活动而产生的对于他国的吸引力或影响力。

约瑟夫·奈曾就软实力概念从"行为部分"和"潜在资源"两方面与硬实力进行区分,并提出了软实力转化的条件。国内学者龚铁鹰在《论软权力的维度》

---

[1] O. Boyd-Barrett, "Media Imperialism: Towards an International Framework for the Analysis of Media Systems, in J. Curran, M. Gurevitch and J. Woollacott (eds.)", *Mass Communication and Society*, London: Arnold, 1977, p.177.

[2] Thomas L. Mcphail, *Global Communication: Theories, Stakeholders and Trends*, Boston: Allyn and Bacon, 2002, p.13.

一文中认为,"依据软权力的来源将其划分为制度性权力、认同性权力和同化性权力三种维度,分别对应一国主导制度的权力、通过取得别国对其领导者身份的认可而拥有的权力以及文化价值观、意识形态和社会制度的吸引力"。① 本书主要借鉴这两种观点,结合传播学的相关理论,提出一个由资源维度、行为维度和认同维度共同组成的国际传播软实力的分析框架。从软实力的视角来看,这三个维度的综合作用决定了软实力的实现与否及大小;而按照传播学的观点,这三个维度的综合作用在一定意义上等同于国际传播效果,国际传播的效果和软实力呈正相关关系。

李智在论述软实力的实现问题时曾指出:"在全球化背景下,国家资源实力(包括软实力)的意义在于国际关系性,其价值是在国家间的互动中通过不对等的权力关系体现出来的。也就是说,资源实力的价值不在于自我持有,而在于对外作用。可见,评估一国实力不仅要看资源数量,还要看其质量,看它在多大范围和程度上对其他国家施加了影响",②在此基础上,"被对象认同乃至于进而同化对象的程度是文化软权力化的唯一表征。就一国而言,文化软实力的权力化过程就是文化的对外传播过程"。③ 在这段论述里,李智强调了软实力的实现不仅取决于资源实力的持有,更取决于其对外作用,即本书所提出的国际传播软实力分析框架中的"资源维度"和"行为维度"。此外,李智还指出,能否被他国认同以及在多大程度上被认同是软实力实现的又一关键因素,这也就是本书所提出的"认同维度"。虽然表述不一,但本书的观点和李智的论述是基本一致的。

第一,资源维度。

资源,原意是"生产资料或生活资料的天然来源"。经济学意义上的资源是指可能用于生产某种为人们所需求的物质或精神产品的生产要素,既包括天然的资源(原材料),也包括人力、技术、信息等各种社会化资源。对国际媒体来

---

① 龚铁鹰:《论软权力的维度》,《世界经济与政治》2007年第9期。
②③ 李智:《软实力的实现与中国对外传播战略——兼与阎学通先生商榷》,《现代国际关系》2008年第7期。

说,其资源包括两个层面:一是构成国际媒体传播活动的各种人、财、物要素等基础资源;二是对这些人、财、物等基础资源进行优化配置的建构性资源,即制度资源。

其中,"由于制度是人们创造并用来提供交换的激励结构,本身是为消除或减缓交换中的不确定性,因而制度本身便成了重要的资源"。① 在市场经济时代,制度作为一种自由市场运行的调控机制,其重要性毋庸置疑。而在国际传播领域,制度资源同样对基础资源起着制约作用。可以说,没有一种好的制度资源,基础资源的优势就难以发挥出来。实践已经证明,制度资源的优化往往会促进软实力的提升,而基础资源和软实力的关系则要复杂得多。理论上认为,基础资源越多、越强,软实力也就越强,但现实中这两者的关系并不完全如此。比如,半岛电视台目前所创造的软实力就远远超过了许多基础资源比它更为雄厚的国际媒体。鉴于此,本书在就国际传播软实力的资源维度进行比较时,主要以制度资源为参照。

第二,行为维度。

行为维度考量大众传媒国际传播活动的过程,强调其主动性的一面,即关注大众传媒为提升国际传播效果而采取的一系列活动或举措,既包括基本传播职能层面上的日常国际新闻传播、重大国际事件报道、全球报道网络建设等,又包括宏观发展战略层面上有助于提高媒体国际知名度、美誉度及影响力的市场推广、品牌塑造活动等。

本书将在"传播力"的框架下,对国际传播软实力的行为维度进行考察。"传播力"这一概念首先由刘建明于 2003 年提出,他认为传播力是"媒介的实力及其搜集信息、报道新闻、对社会产生影响的能力"。② 由此可见,传播力和传统的传播效果息息相关,可以说,传播力发展的目标和后果都着眼于传播效果。但和传播效果相比,传播力更注重对传播过程的研究,尤其是这个过程中大众传媒所采取的种种促进性行为。传播力无疑是影响软实力的重要因素。

---

① 唐兴霖:《制度资源·制度短缺·制度创新》,《学术研究》1996 年第 11 期。
② 刘建明:《当代新闻学原理》,清华大学出版社 2003 年版,第 37 页。

第三,认同维度。

认同维度被用来衡量大众传媒的国际传播活动能否为国际受众所认可和赞同,以及被认可和被赞同的程度。它是国际传播软实力能否最终实现的关键因素,却又往往是容易被忽视的一个维度。根据软实力理论,国际传播并不自然地产生软实力,只有在它得到国际受众或者国际社会的普遍认同时,才会产生软实力;反之,只会损害软实力。甚至是,行为维度的传播力作用越大,对软实力的损害也越大。

在西方,"认同"这一概念最早由威廉·詹姆斯(William James)和弗洛伊德提出。前者曾用"性格"一词表达对认同的感受,后者则把认同看作一个心理过程,是个人向另一个人或团体的价值、规范与面貌去模仿、内化并形成自己的行为模式的过程。[①] 后来,随着学术的发展,"认同"一词已被广泛运用于哲学、心理学、社会学、语言学、教育学、政治学等大众人文社会学科。在不同学科里,认同的含义不尽相同,但从总体上看,它仍是一个偏心理学的概念,与之相应的"认同感"往往和一个人内心好恶的情感体验相联系,而在软实力理论的观照下,它成为促使"吸引力"发生同化作用的心理学因素。

## 本章小结

要对国际传播软实力进行比较研究,首先就要明确"国际传播"和"软实力"之间的关系。基于此,本章主要从软实力视角对国际传播进行理论阐述。

软实力的概念首先由美国政治学家约瑟夫·奈于1990年提出。这一概念用来界定国家实力中除军事实力和经济实力以外的第三种实力,即一个国家依靠吸引力,而非通过威逼或利诱的手段来达到目标的能力。作为源于国际关系领域的理论学说,软实力向世人提示了信息和全球化时代国家竞争战略的转向,以及大众传媒尤其是新闻媒体的国际传播对国家发展和软实力建

---

① 李素华:《对认同概念的理论评述》,《兰州学刊》2005年第4期。

立的重要性。

就大众传媒和软实力的关系而言,本书强调两个基本前提:一是大众传媒作为软实力来源的一种,不等同于软实力,只有当它符合约瑟夫·奈所提出的某种条件时,才能转化为软实力;二是本书遵从约瑟夫·奈从国家宏观层面对软实力的界定,即认为软实力是和军事实力、经济实力等"硬实力"并列的第三种国家实力。因此,更确切地说,大众传媒应该是一种国家软实力资源,而不直接等同于软实力;从工具论的角度来说,大众传媒是提升国家软实力的重要工具。

按照约瑟夫·奈的观点,公共外交是软实力的一种政府策略,是实现软实力的路径之一。鉴于广义的国际传播在内容上同公共外交大体相当,狭义的国际传播是公共外交的一种,而本书主要探讨的狭义上的国际传播是公共外交的一种形式,无疑也是实现软实力的重要途径。那么,国际传播软实力就被看作是一个国家通过大众传媒的跨国传播活动而产生的对于他国的吸引力或影响力。

如何对国际传播软实力进行比较?约瑟夫·奈曾就软实力的"行为部分"和"潜在资源"进行界定,并强调了软实力转化的条件。国内学者龚铁鹰依据软实力的来源,将其划分为制度性权力、认同性权力和同化性权力三种维度,其中同化性权力对应来自意识形态和社会制度的吸引力。本书主要借鉴这两种观点,并结合传播学的相关理论,提出一个由资源维度、行为维度和认同维度共同组成的国际传播软实力的分析框架。

# 第二章  国际媒体的国际传播发展与态势

本章从历史的角度,对国际媒体的国际传播发展与态势进行纵向梳理,从而为本书提供纵向的历史脉络。首先,描述大众传媒国际化的进程,并结合国情,从"国际一流媒体"的角度,透视当今世界国际传播发展的特点与趋势;其次,聚焦国际新闻频道这一独特的媒体类别,对其历史发展和现实的竞争格局予以呈现,为本书的个案研究对象 CCTV – News 和 BBCWN 提供历史和现实的背景;最后,结合 CCTV 和 BBC 的国际传播发展和特点,概述 CCTV – News 和 BBCWN 自身的发展状况。

## 第一节  传媒国际化与国际一流媒体

### 一、大众传媒的国际化发展

大众传媒发展到一定历史阶段,必然走向国际化发展。"电子媒体技术大概是传媒国际化的主要推动力,但技术是借助于其他几项趋势而起作用的:如跨国界商业帝国的扩张;彼此竞争的政治阵营为扩张各自势力和散布影响所做的努力;国际'媒体文化'的崛起及其各种节目的制式、语言和种类被众多国度广为接受的事实等。传播国际化实际上是对特定的'现代'文化和生活方式之流行程度的一种症状、影射和工具。"①

可以说,技术往往是大众传媒国际化发展中最具有活力的助推因素,然而技术因素无法单独发挥作用,它大多数时候是在一个复杂的媒介环境下,成为大众传媒顺应全球化趋势的引擎。换句话说,国际媒体是伴随着技术条件的成熟,以及政治、经济、文化等多种社会生态的全球化而诞生的,是一定时代背景下的产物。

从媒介形态上来说,报纸和杂志诞生之初虽然也通过轮船、火车等交通工具将信息传送到国外,但由于受众范围有限以及反馈的严重滞后,严格意义上说那个时期的报纸和杂志并非国际媒体,这一状况随着技术条件的改善才得以改变。而广播由于无线电波穿透力强的特性,从一诞生就成为一个国际媒体,尤其是"二战"期间由广播主导的"电波战"更被直接赋予其对外传播的内涵。电视延续了广播天生跨越国界的特性,再加上自身拥有的其他媒体迄今难以企及的强大影响力,把国际媒体这一概念诠释到了前所未有的高度。互联网则是一个另类,它将传播的国际性延伸到了一个新的广度,然而作为一个人人可以参与的、开放的平台,它又实在不能算作是一个传统新闻学意义上的媒体。

国内学者郭可在其《国际传播学导论》一书中指出,"国际媒体主要是指那些从事国际信息传播活动的主体或传播媒体",②其衡量标准主要有三个:一是信息传播活动具有跨国性;二是信息传播的经营活动具有跨国性;三是影响力具有国际性。可见,郭可定义的"国际媒体"需要满足以下条件:首先,传播对象定位为国际受众;其次,传播效果应相应达到国际影响力的层面;最后,也最容易忽视的一条是,其经营活动的跨国界性,这无疑是从传媒产业化角度对国际媒体提出的新要求。

传媒的产业化进程是紧跟世界范围内大众传媒领域的商业化发展趋势而进行的。这种趋势首先源自美国,然后席卷北美和欧洲大陆,再蔓延至亚洲等

---

① 〔英〕丹尼斯·麦奎尔、〔瑞典〕斯文·温德尔:《大众传播模式论》,祝建华译,上海译文出版社 2008 年版,第 189 页。
② 郭可:《国际传播学导论》,复旦大学出版社 2004 年版,第 95 页。

世界大多数国家的传媒领域。商业化的成果之一即是传媒的产业化发展,其背后也折射出自"冷战"结束以来世界各个领域所呈现的新变化,体现在"新媒体技术的发展、金融资本运作、各国政府对于世界舆论的依赖成为媒介发展的三股重要推动力量。这三股力量不约而同地聚焦于产业化的路径,以经济实体的方式推动媒介的全球化发展,规避可能的政治意识形态风险"。[①]

在现实层面上,尤其是20世纪80年代以来,西方各国普遍实行"放松管制",媒体的所有权进一步集中化和私有化,借助资本的力量,一些大型跨国传媒集团应运而生。1995年,美国迪士尼公司兼并美国广播公司(ABC)后,掀起了美国传媒史上的一次并购热潮。1996年,时代华纳公司(Time Warner)又从迪士尼公司手中成功收购了泰德·特约(Ted Turner)的有线新闻网(CNN),微软则联合全国广播公司(NBC)推出了世界上第一个跨界的电视频道——微软全国广播公司(MSNBC)。1999年,微软全国广播公司又和华盛顿邮报结盟,实现了网络、电视和报纸的全方位融合。其中,最引人关注的是,美国电信巨头西屋(Westinghouse Electric Corporation)于1995年收购哥伦比亚广播公司(CBS),成立哥伦比亚广播集团后,又接连收购无线广播等组成CBS/Tele Noticias,俨然成为世界媒体的"巨无霸"。1999年,维亚康姆(Viacom)又再次收购了CBS。最为惊世骇俗的当属2000年美国在线公司(AOL)以1,500亿美元天价收购了全球最大的娱乐公司——时代华纳,从而一跃而成为名震一时的传媒巨擘。但短短9年后,该公司却又以戏剧性的分崩离析宣告结束。此外,德国的贝塔斯曼集团(Bertelsmann AG)、法国的维旺迪环球集团(Vivendi SA)、澳大利亚的新闻集团(ANC)等,都是以兼并、收购的方式迅速壮大起来的。

目前,对于国际媒体的研究,大多数学者都认可传播影响力和产业化程度的双重衡量标准。在这个标准之下,可以称为国际媒体的主要指全球一些规模较大的跨国传媒公司,如美国的时代华纳公司、迪士尼公司、维亚康姆集团和甘特尼公司(Gannett Co.,Inc.)、澳大利亚的新闻集团、法国的维旺迪环球集团、

---

[①] 张毓强:《产业化:国际传播媒介发展的必由路径》,《现代传播》2012年第12期。

德国的贝塔斯曼集团、日本索的尼公司、荷兰的埃尔泽菲尔公司(Reed Elsevier NV)、英国的皮尔逊公司(Pearson PLC)、墨西哥的特莱维萨公司(Televisa)和巴西的环球公司(Globo)。

## 二、国际一流媒体的提出和发展趋势①

"国际一流媒体"从学术上应该脱胎于"国际媒体",但它并非一个严格的学术概念,最早由我国的政界提出。2008年,胡锦涛同志在给中央电视台成立50周年的贺信中指出,要"努力把中央电视台建成技术先进、信息量大、覆盖广泛、影响力强的国际一流媒体",这是官方第一次出现"国际一流媒体"的提法。其后,在第一届传播理论研讨会上,时任国务院新闻办公室主任的王晨提出,要"适应国际传播发展需要,建设覆盖全球的国际传播体系"。党和国家领导人在针对《人民日报》、中央电视台和国家广播电台等国家级媒体的批示和讲话中也多次提出,在当前形势下,要"打造国际一流媒体"。

在官方提出将国际一流媒体作为对中国国际传播事业要求的前提之下,国家级媒体的国际化建设纷纷提速。2009年4月,《环球时报》(英文版)创刊,成为我国内地第二份综合性英语报纸;7月1日,《人民日报》由每天16版扩至20版(周六、日仍为8版);7月25日和9月10日,中央电视台接连开通阿拉伯语和俄语两个国际频道;9月30日,《求是》杂志(英文版)创刊并向海外发行;12月28日,央视网在原有基础上正式推出中国网络电视台(CNTV)……"种种迹象表明,媒体在国际传播的内容和渠道领域如此密集的动作,并不仅仅是国家和媒体发展的自然结果,更多的是国际传播政策导向在各种不同媒体形态中布局的结果。在宏观政策影响下,各媒体积极谋求在中国国际传播的新体系中占据一定地位,尤其是一些主要媒体,大力增加国际传播内容,正努力打造具备内外传播能力的全球性媒体,探索创新国际传播的意识凸显。"②

---

① 本小节部分内容选自本人发表于《郑州大学学报(哲学社会科学版)》(2013年第3期)的《当代国际一流媒体的传播发展特点及其借鉴》一文。
② 张毓强:《2009:中国国际传播事业三个重要转变》,《国际新闻界》2010年第2期。

不难看出,国际一流媒体在我国的提出具有明显的官方色彩,这与当今时代背景下提升国家文化软实力、促进中华民族的全面复兴以及实现"中国梦"等政治诉求密切相关。对这一概念进行检视,也有助于理解发展中国家尤其是中国在国际传媒体系中的位置,明确建构一个更为平衡的国际传播格局的重要性。

那么,什么是国际一流媒体呢?

目前,国内并没有一个统一的定义和评价标准。程曼丽认为,国际一流媒体要有一流的影响力,影响力之下又包括传播能力、经营能力、技术装备水平等子体系。同时,一流影响力要综合考量国内、国际两方面的影响。刘笑盈指出,"国际一流媒体有三个标准:第一,是强大的国际影响力,包括品牌影响力、话语权、舆论影响力等要素;第二,是强大的运营能力,指国际媒体的经济收入水平、创收能力以及产出效益等经济财务指标,反映媒体的经营发展与运营管理水平;第三,是基础规模,指国际传媒机构作为一个信息制播平台存在的基础性指标,包括媒体的整体规模水平、国际覆盖能力、制作播出能力、新媒体发展能力等"。[①]

综上所述,国际一流媒体主要包括三方面特征:第一,国际一流媒体最基本、最重要的特征是具有强大的国际传播影响能力。其中,有形部分体现为媒体的组织规模、信息传播规模和受众规模等;无形部分表现为媒体通过一定的专业实践达到的国际传播效果。第二,就其企业属性而言,国际一流媒体应具备在全球范围内进行运作的经营能力,以及适应国际合作和跨国交流要求的内部运营能力,这是国际媒体商业化发展的产物。第三,由于跨国界的发展需求,国际一流媒体往往在新媒体发展能力上有较高要求,这也是新时代背景下适应数字技术发展带来的媒介融合趋势对传统媒体提出的要求。通俗来说,国际一流媒体就是那些实力超群且具有强大影响力的国际媒体。

拥有国际一流媒体对国家发展无疑有着重要的战略意义。按照软实力观点,国际一流媒体不仅是国家软实力的来源,也是提升软实力的途径,更是一个

---

① 刘笑盈:《国际新闻学:本体、方法和功能》,中国广播电视出版社2010年版,第160页。

国家软实力的重要体现。约瑟夫·奈曾通过历史考察后指出,与18世纪的法国和19世纪的英国不同,在20世纪美国试图称霸世界的国力资源中,信息力与文化力是重要的权力资源。①

从国际一流媒体的角度来看,国际传播发展的特点与趋势主要概括为以下几点:

第一,由国际一流媒体主导国际传播格局的局面持续存在。

国际一流媒体在国际传播活动中占据优势地位,依靠本国强大的综合国力,大批量生产或复制信息产品并向他国输出,从而使本国成为信息强国,而处于劣势地位的信息弱国只能被动地接受信息强国源源不断地输入各类信息,进而形成对信息强国的依附。以中国为例,在近80个世界级传媒集团中,中国仅有3个;信息资源提供匮乏且被动,全世界每五个人里至少有一名华人,但全球只有4%的信息来自华文媒体,与之形成对应的是四大英文通讯社为全球提供了超过80%的内容;互联网上90%以上的内容是英语,近些年中文的内容才开始上升,由以前不足5%已经达到8%。② 实质上,由国际一流媒体控制的国际传播格局是由西方发达国家所主导的,国际间的信息流向也主要是从富国流向穷国、由发达国家流向发展中国家。

第二,单一的政治功能弱化,以信息功能为基础的多元化功能增强。

政治是国际传播的本质,但随着国际传播语境发生变化,尤其是"冷战"结束后,国际传播活动本身也具有了更多除政治话语外的含义。在一个"去政治化"的语境里,与"公开的政治传播"形式不同,国际传播更多时候以一种"隐含的政治传播"面目出现,如跨国教育、文化交流及民间往来等。同时,受商业化、娱乐化潮流的驱使,国际一流媒体除发挥其政治基本功能之外,以信息功能为基础的经济、文化、教育、科技、娱乐等多元化功能也不断得到加强。例如,由鲁伯特·默多克(Rupert Murdoch)一手缔造的新闻集团,其核心业务不仅涵盖电影、电视节目的制作和发行,无线电视广播、有线电视广播、数字广播、加密和收

---

① Josephs Nye, *Bound to Lead: The Changing Nature of American Power*, New York, 1990, p.34.
② 姜飞:《构建世界传媒新秩序的中国方向》,《中国记者》2011年第7期。

视管理系统开发,以及报纸、杂志、书籍出版等领域,而且在新闻、娱乐、商业、新技术等许多领域都拥有强大的影响力。

第三,拓宽多语种的信息传播渠道,提升跨文化的国际传播效果。

语言也是一种媒介,按照程曼丽的"二次编码"理论,国际传播相对于国内传播涉及"二次编码"问题,即在第一次编码的基础上将"可被一般受众接受的信息"转换为"可被他国受众或国际受众接受的信息",其实质是语言的转换和文化的对接。"二次编码"可以由受众也可以由传播者完成,如果传播者直接以受众语言进行传播,无疑可以增加传播的亲和力,提升跨文化的国际传播效果。近年来,国际一流媒体都采用了多语种的传播形式,以加强在全球范围内的语言传播能力。例如,2008年、2009年两年间,BBC就相继开通了阿拉伯语和波斯语两个小语种电视频道,半岛电视台和日本放送协会(NHK)则相继开通了英语频道等。

第四,发展新技术,推进媒介融合趋势要求下的媒体自身转型。

媒介融合的实质是传媒媒体到融合媒体的转型过程。媒介融合离不开数字技术推动,在数字技术推动下传播介质得以兼容,进而衍生出各种新媒体,从而引发传媒业态不同层面上的边界消融。例如,传统的电视已转变为以地面无线电缆、有线电缆、卫星、互联网、移动通讯网五种方式为传输渠道,以电视、电脑、手机以及各种电子阅读器、接收屏幕为终端的多样化的传播媒介形态。在这种潮流趋势下,国际一流媒体都大力发展新技术,打造媒介融合平台及产业链,加快自身转型。以 BBC 为例,近年来"除在数字广播电视领域领先外,BBC 还不断推进和完善网络平台建设,2007 年推出了 iPlayer,英国境内的用户可以在这个平台上搜索和听看一周内的节目内容。此外,还开拓发展移动新媒体业务,2008 年通过电视、广播、互联网和手机等多媒介转播北京奥运会,力求占据全球最新传播科技的制高点,新时期的 BBC 在数字化建设上已然成为全球媒介的先行者"。①

---

① 胡正荣、关娟娟主编:《世界主要媒体的国际传播战略》,中国传媒大学出版社 2011 年版,第 19 页。

## 第二节 国际新闻频道的发展格局

### 一、国际新闻频道的诞生与发展

国际新闻频道是指以纯新闻为主要传播内容,以国际受众为传播对象,以国际时事为议程设置的专业型电视频道。它由美国有线电视新闻网首创,以24小时不间断进行新闻报道并随时插播突发事件及重大新闻的现场报道为特点,无论是在国际舆论引导还是在话语权争夺方面,都具有重大意义。

1980年,美国人泰德·特纳创办了世界上第一个专业电视新闻频道——CNN,从而开创了电视频道全天候不间断播出新闻的全新播出模式。

这种模式使CNN成功报道了1981年里根总统遇刺、福克兰群岛战役,特别是对1986年之后的"挑战者"号航天飞机失事、旧金山地震、柏林墙倒塌等一系列重大事件的报道,使CNN在世界范围内名声大震。1985年,CNN推出第一个真正意义上的国际新闻频道——CNN International(CNNI)。紧接着在1991年的海湾战争中,CNN成为唯一一家允许在巴格达市区直播战争的新闻媒体,从而奠定了其在国际电视新闻领域的霸主地位。据当时的《华尔街日报》报道,"由于CNN报道海湾战争既迅速又充分,它的收视率激增,在欧洲的收视率从15%飙升至85%,一举成为与美国三大广播公司并列的电子媒体巨人"。[1] 随着在新闻报道上的成功,CNN的影响力与日俱增,"它还日益成为国际政治、特别是外交活动当中的一股重要力量,甚至有人称其为联合国安理会的第十六个成员"。[2]

CNN的成功掀起了全球国际新闻频道创办的热潮。1989年,世界上第一个泛欧洲的新闻频道Sky News成立;1993年,又一个泛欧洲新闻频道Euronews

---

[1] 刘雪梅:《CNN与"电视战争"》,《军事记者》2001年第12期。
[2] Ammon Royce J., *Global Television and the Shaping of the World Politics*, McFarland & Company, 2001, p.7.

成立,它使用英语、法语、德语等多种语言播出,但"影响一直非常有限,通常局限在区域甚至是国家的新闻议程上";①1995 年,BBC 正式推出了其著名的世界频道——BBC World(现在的 BBC World News),发展至今它仍是一个可以与 CNNI 一较高下的对手。而在美国国内,1996 年,福克斯新闻频道(FOX News)、哥伦比亚全国广播公司新闻频道和微软全国广播公司新闻频道相继成立,也成为 CNNI 强劲的对手。

如果说 1991 年的海湾战争成就了 CNN,那么,十年后的阿富汗战争则成就了一家小国媒体——卡塔尔的半岛电视台。半岛电视台被称为"中东的 CNN",它初创于 1996 年。作为一家用阿拉伯语全天候对外播出新闻的电视台,半岛电视台早期的观众集中于阿拉伯地区。2001 年,半岛电视台几乎和 CNN 同步报道了"9·11"事件,从而引发全球关注。而随后的阿富汗战争,则让半岛电视台几乎重现了 CNN 当年的辉煌:作为唯一一家被允许进入塔利班控制区的电视媒体,半岛电视台源源不断地直播美英空袭喀布尔的实况,从而成为这场战争唯一的电视新闻来源。2006 年,半岛电视台推出英语频道(Al Jazeera English),并在很短的时间里发展成为继 CNNI、BBCWN 之后的世界第三大 24 小时英语新闻频道。作为一家发展中国家的电视台,半岛电视台的崛起具有里程碑式的意义,它打破了西方大国对国际新闻话语权的垄断,在一定程度上改变了西方大国主导的国际传播格局。

半岛电视台成功之后,更多非西方国家,包括很多发展中国家纷纷加入国际新闻频道的竞争行列,对国际新闻话语权的争夺进入白热化状态。例如,仅在印度一国,就有由默多克 1996 年创办的 Star News,这是印度最早的 24 小时新闻频道,随后又有 Zee News、Aaj Tak、DD News 等多个电视新闻频道相继推出。一项权威统计数字表明,2002 年,印度新闻频道总体收入增长了 24%,达到近 10 亿美元,占所有电视广告费的 1/7,预计到 2007 年,将增至 29 亿美元。②

---

① Chris Paterson, Annabelle Sreberny(Edited), *International News: in the twenty - first century*, Luton: John Libbey Publishing for University of Luton Press, 2004, p. 49.
② 钱峰:《印度一下冒出五个新闻频道》,《环球时报》2003 年 5 月 9 日。

## 二、新世纪国际新闻频道的竞争格局

进入 21 世纪,国际新闻领域的竞争更趋激烈,国际新闻频道往往成为各国媒体争夺国际话语权的"主战场"。然而,不同属性的国际新闻频道,其功能和定位是不同的。首先是国别属性较为明显的一类,不管是新闻专业性较强的 CNNI、BBCWN,还是具有不同程度官方背景的 Russia Today、France 24、CCTV-News、Press TV 等,都不仅是延伸媒体自身传播影响力的重要平台,还在一定程度上承担着塑造国家形象、提升国家软实力的职责。其次是国别属性较弱的一类,如 Euronews 以及新闻集团下属的 FOX News、Sky News 等,它们则往往有着千差万别的利益诉求:Euronews 侧重提供一种欧洲共同身份的认同,以维护欧洲国家的共同利益;FOX News 受限于新闻集团的重商主义,虽然在"9·11"事件报道中因大肆渲染爱国主义而受到美国市场欢迎,但其对新闻专业主义的背离和对利润的攫取,始终为外界所诟病。

目前,全球具有一定知名度和影响力的国际新闻频道大约有十几家(见表 2-1),但真正称得上拥有全球影响力的可以说仅有 CNNI、BBCWN 和 Al Jazeera 三家。除此三家外,大多数国际新闻频道仅能覆盖区域范围,或者虽在技术上实现了全球覆盖,但其影响力还局限于某一民族或某一文化族群。

表 2-1 当今世界上主要的国际新闻频道

| 国际新闻频道 | 开播时间 | 所属公司 | 使用语言 | 备 注 |
|---|---|---|---|---|
| CNN International | 1985 | 时代华纳 | 多语 | 全球 |
| Sky News | 1989 | 新闻集团 | 英语 | 全球 |
| Euronews | 1993 | SOCEMIE | 多语 | 全球 |
| BBC World News | 1995 | 英国广播公司 | 英语 | 全球 |
| Al Jazeera | 1996 | 半岛电视台 | 阿拉伯语 | 全球 |
| FOX News | 1996 | 新闻集团 | 英语 | 全球 |
| MSNBC | 1996 | 微软公司和 NBC 环球 | 英语 | 仅在美国、加拿大、部分拉丁美洲地区以及非洲播映 |
| NHK World TV | 1998 | 日本放送协会 | 英语 | 全球(除日本) |

续表

| 国际新闻频道 | 开播时间 | 所属公司 | 使用语言 | 备注 |
| --- | --- | --- | --- | --- |
| Channel News Asia | 1999 | 新加坡新传媒 | 英语/汉语 | 亚太地区（亚洲、大洋洲） |
| CCTV - News | 2000 | 中央电视台 | 英语 | 全球 |
| NDTV 24×7 | 2003 | NDTV 有限公司 | 英语/马来语 | 全球 |
| Russia Today | 2005 | 今日俄罗斯国际新闻通讯社 | 英语 | 通过有线、卫星电视及互联网在世界播放 |
| Al Jazeera English | 2006 | 半岛电视台 | 英语 | 全球 |
| France 24 | 2006 | 法国国际广播集团 | 法语/英语/阿拉伯语 | 全球 |
| Press TV | 2007 | 伊朗伊斯兰共和国广播电视台 | 英语 | 通过卫星和网络直播，覆盖全球各地 |

不过，应该肯定的是，除英美以外的非英语国家，尤其是发展中国家积极创办国际新闻频道，对于打破西方大国的话语霸权，构建更为平等、均衡和多元化的国际传播格局意义重大。

通过具体分析，目前国际新闻频道的竞争格局主要体现出以下特点：

第一，英美两国仍占据国际传播霸主地位。

美国是国际新闻频道的缔造者，在很长一段时间里，CNNI 都是唯一霸主，不仅开创了全新的国际新闻传播模式，还延伸了新闻媒体的公共外交功能。直到十年后 BBC World News 创立，电视国际新闻领域才开始形成双雄争霸局面，这两家国际新闻频道几乎垄断了全球舆论。后来，虽然越来越多的国际新闻频道加入竞争行列，一些优秀的竞争者也脱颖而出，但至今还未能从根本上动摇 CNNI 和 BBCWN 这两大频道在国际新闻及全球舆论方面的霸主地位。

第二，半岛电视台率先打破西方话语垄断，传递出发展中国家的声音。

半岛电视台主张用真实、无畏、独家的新闻专业精神，关注那些很少进入媒体视野的地区和事件，战争的残酷性、发展中国家的贫穷落后、平民的伤亡等都是它经常报道的议题。作为第一家传递发展中国家诉求的知名国际媒体，半岛电视台的崛起打破了西方大国对话语权的垄断,其后它推出英语频道,更直接提出要"reversing the North to South flow of information"(扭转由北到南的信息流向)以及"setting the news agenda"(设置新闻议程)。如今,半岛电视台已成为全球第三大国际新闻频道。

第三,西方舆论阵营分化,多元化观点表达渐成趋势。

传播语言的强势与否,往往与西方国家内部的信息强国与信息弱国之分有关,前者主要指以英美为代表的英语国家,后者包括法国、德国、俄罗斯、日本等非英语国家。因不满英美霸权,法国、德国、俄罗斯等国纷纷推出自己的国际新闻频道,日本则加大了英语新闻播报力度,他们的竞争目标都直指英美两国。此外,非英语国家的国际新闻频道一般都主张民族国家立场。例如 France 24 创立时就提出,要"to cover international news with a French perspective"(用法国视角报道国际新闻)和"to carry the values of France throughout the world"(向全球传达法国价值观)。这无疑代表着西方舆论阵营的分化,以及多元化观点的表达已渐成趋势。尽管目前这些非英语国家的国际新闻频道的影响力还相对有限,且主要集中于区域范围,但发展势头迅猛。

第四,发展中国家积极参与,力图重塑国际传播新格局。

半岛电视台取得成功后,越来越多的发展中国家开始积极参与国际新闻竞争,如中国、印度、伊朗等。其中,伊朗的 Press TV 自述其使命是:(1)关注世界上常被忽视的声音与视角;(2)拥抱不同文化,建立不同文化之间相互了解的桥梁;(3)鼓励不同国家、种族及宗教信仰的人群之间相互认识;(4)展现那些经历过政治及文化隔阂的生命力和多样性的人们,以及他们背后不为人知或被忽视的第一手故事。由相关研究可知,在西方大国的叙事框架里,发展中国家历来是被忽视、被扭曲的,往往呈现为一种"他者"的面目。因此,由这些发展中的穷国、弱国向世界讲述自己的故事,无疑最有助于消除误解、改变偏见。

## 第三节　CCTV 的国际传播发展概况

### 一、CCTV 的国际传播发展及特点

1958 年 5 月 1 日，CCTV 的前身北京电视台开始试播出，9 月 2 日正式播出。作为国家电视台，它"是广播事业局的一个组成部分"，自建台之初就肩负着对外宣传的使命。1959 年 4 月，北京电视台将报道第二届全国人民代表大会第一次会议的长约 7 分钟的电视新闻片寄送给苏联等国，这是北京电视台第一次向国外寄送自拍的电视片，标志着其国际传播活动的正式开启。

CCTV 的国际传播是在对外宣传的基础上发展起来的，是中国电视媒体国际传播活动最重要的组成部分，其发展历程可分为以下几个阶段：

（一）以寄送出国片为主要形式的阶段（1959—1975 年）

建台初期，北京电视台将报道国内重大事件、建设成就和人民生活的电视片附以中文、俄文或英文解说词，航寄给外国电视机构供其使用。这些电视片，统称为"出国片"。出国片由当时电视台政治组拍摄和选片，再由三名翻译人员专门翻译和寄送。到 1962 年，北京电视台已向 33 个国家寄送了 467 条电视片，其中绝大多数是新闻片。1963 年，新闻部正式设立国际组，由精通俄、英、德、日四个语种的 12 名编译人员从事出国片及国际新闻的编译工作。

与此同时，北京电视台还尝试开展了一些对外采访报道活动。1960 年，北京电视台派记者去印度尼西亚对我国政府接回受迫害侨胞进行报道；1961 年，连续播出记者李华对老挝的系列报道节目，这是国际上最早对老挝问题的电视报道；1963 年年底开始先后 26 次播出李华的《电视通讯》，对周恩来总理、陈毅副总理访问亚洲 14 国进行连续报道等。

1963 年 4 月，北京电视台主持召开了北京、上海、广州等 8 家电视台负责人座谈会，主要讨论加强电视对外宣传工作和提高出国片质量的问题，这是首次

全国对外宣传工作会议。1964年,第八次全国广播工作会议召开,时任中央广播事业局局长的梅益提出《宣传业务整改提纲(草案)》,正式确定了北京电视台"立足北京,面向世界"的方针。

然而,之后受"文化大革命"影响,中国对外传播整体的思路、方针及具体操作都出现了或大或小的偏差。这期间,北京电视台的出国片在极"左"思想的影响和"四人帮"的控制下,奉行宣传对象"以左派为主",并出现"以我为核心""打倒一切"和自吹自擂、强加于人的错误倾向。出国片的解说词常使用一些空洞的政治口号和不切实际的"豪言壮语"。对外寄送节目,不看对象,不问国情,一律寄送大量宣传"文化大革命"的电视新闻片,致使有些国家接受不了,将原片退回;有个别国家不仅拒收,甚至提出抗议。① 这一局面直至1970年调整之后,才有所改善。出国片的数量开始回升,一些中断的对外电视交往得以恢复。

总之,这一时期的国际传播活动以寄送出国片为主要形式,传播对象多为社会主义国家,话语语态"具有鲜明的对抗色彩,主要是配合当时的国际形势与美国等西方国家抗衡"。②

(二)从节目到栏目、从寄送到利用通讯卫星传送的阶段(1976—1991年)

1976年,北京电视台第一次通过国际通讯卫星向世界发送了关于周恩来总理逝世及纪念活动的电视片,这是中国第一次通过卫星向世界发送的国内重大事件的电视新闻。1978年5月1日,北京电视台正式更名为中央电视台(CCTV)。1978年,党的十一届三中全会后,国家开始对电视对外传播工作进行拨乱反正,国际新闻传播逐步走上正轨。1983年,广播电视部召开首次全国电视对外宣传工作会议,提出"内外并举"方针,并于次年再次召开会议,有力地推动了全国电视对外宣传工作的快速发展。这一阶段的成果主要体现在以下几个方面:

---

① 赵化勇主编:《中央电视台发展史(1958—1997)》,中国广播电视出版社2008年版,第80页。
② 刘琛:《"官方媒体"形象与国家形象关系研究——以中央电视台与Doordashan电视台为例》,《现代传播》2010年第5期。

第一,节目的引进和输出力度加大。

20世纪70年代末到80年代,CCTV开始从维斯新闻社和合众独立新闻社接收国际新闻,同时,由这两家新闻社在香港收录《新闻联播》选择性地向海外发行。从1980年起,CCTV先后同美国的纽约弘声传播事业公司、旧金山华声传播公司、洛杉矶斯扬传播公司和加拿大的世界电视公司、华侨之夜传播公司、多伦多中文电视台、温哥华国泰华语电视台签订了购片合同,向他们提供电视节目。同时还委托香港东明企业公司复制和出售《中国电视》专题节目录像带。[1] 为打破发达国家对国际新闻的垄断,1984年1月,"亚广联"电视新闻交换网正式成立,中央电视台参与了这项工作,并积极参与新闻交换活动。此外,CCTV还于1984年与美国哥伦比亚广播公司签订购片协议,1988年和日本广播协会签订供片协议等。

第二,成立专门机构、创办国际栏目。

1984年,CCTV正式成立对外部,并于1985年创办了首个对外中文专题栏目——《华夏掠影》,实现了国际传播形式由节目到栏目的转变。

1989年6月,国内外政治形势发生变化,国际传播活动一度受挫,北美华人电视台全部停播中央电视台节目,CCTV英语节目中断达一年之久。在这种情况下,1990年,全国对外宣传工作会议召开,强调要加强电视对外宣传的力量。1991年,CCTV对外中心成立,不仅发展了英语节目在国外电视台播放的新项目,而且开创了对外主流社会的电视传播。在欧洲,CCTV对外中心同"同一世界"频道建立联系,利用他们的卫星频道向西欧十多个国家播出;在美国旧金山,支持彩虹电视台创办英语的中国电视节目向当地播出。对外中心还摄制了专门对外的新闻杂志节目《中国报道》,以此为核心的《今日中国》英语版在美国华盛顿、纽约、洛杉矶、芝加哥等地每周定时播出,法语版在法国三台定时播出。[2] 此外,对外中心还租用了"亚洲一号"卫星,将CCTV一套的节目送上卫星,节目信号覆盖东南亚诸国和港澳台地区,完成了从寄送到利用通讯卫星的

---

[1] 赵化勇主编:《中央电视台发展史(1958~1997)》,中国广播电视出版社2008年版,第239-241页。
[2] 李宇:《中国电视国际化与对外传播》,中国传媒大学出版社2010年版,第8页。

转变。①

第三,尝试和外国电视机构合作拍片。

当时,中外合拍电视片大体有两种合作方式:第一种是"合拍",即外方投入资金,中外双方都投入创作力量,共同商讨拍摄计划,统一素材,然后在后期制作阶段,根据统一素材编辑各自所需的节目;第二种是"协拍",即外方提出拍摄要求,投入资金,我方负责提供联络、接待、翻译等服务。② 当时,合拍片里最有影响的是与日本广播协会合拍的《丝绸之路》和《长江》。《丝绸之路》播出后在日本引发了"丝绸之路热",《长江》在国内播出时改名为《话说长江》,引起了国内的强烈反响,掀起了纪录片制作收视的热潮。"协拍"片里较有影响力的还包括美国 NBC 的《变化中的中国》《故宫》等。

这一时期,CCTV 的国际传播活动实现了从节目到栏目、从寄送到利用通讯卫星传送两大转变,但传播范围还未真正进入世界电视市场。很多对外节目在海外是通过租用华语电视台或频道的时段播出的,播出时间少、覆盖面窄、收视率低,传播效果并不理想。

(三)开办国际频道,参与国际电视竞争的阶段(1992—2007 年)

1992 年 10 月,CCTV 第一个国际频道 CCTV-4 开播,这标志着我国电视国际传播开始进入新的历史时期。在 1993 年 2 月召开的全国对外电视宣传工作会议上,首次提出了"电视大外宣"的观念,即充分利用一切电视对外传播渠道,发动国内外所有可以用于开展电视外宣的力量,使用各种类型的电视节目,推动电视对外宣传的大发展。③ 同年 11 月,CCTV 对外中心改组成为海外中心,国际传播随之进入全面发展阶段。主要体现在以下方面:

第一,创办多个、多语种国际频道。

CCTV-4 自 1992 年 10 月创办并播出以来,到 2007 年已实现亚洲、欧洲、

---

① 唐世鼎主编:《中央电视台的第一与变迁 1958—2003》,东方出版社 2003 年版,第 236 页。
② 李宇:《中国电视国际化与对外传播》,中国传媒大学出版社 2010 年版,第 9 页。
③ 刘习良主编:《中国电视史》,中国广播电视出版社 2007 年版,第 385 页。

美洲三版播出。1997年6月,第一个外语国际频道CCTV-9试播,2000年9月正式播出。这两个频道通过9颗通讯卫星和14个转发器播出,信号覆盖全球98%的国家和地区,从技术上实现了走向国际的发展目标,CCTV开始进入世界电视市场并参与竞争。在2003年的伊拉克战争中,CCTV-4采用现场直播、卫星连线、专家访谈、新闻综述等方式直播了408个小时,首播战事新闻2,100条,电视字幕15,000条,开创了中国电视史上对于单一事件的最大规模报道;CCTV-9也对战争进行了全景式的直播,这次报道使两个频道的收视率分别比平时提高了28倍和6倍。[①] 2004年10月,CCTV西班牙语-法语频道开播,并于2007年正式分为两个语种的国际频道。

第二,开拓多元化的对外宣传渠道和形式。

经过多年的探索和实践,CCTV"对外宣传的主要渠道和形式发展为四种:本土发射、'借船出海'、借助外力和商业销售"。[②]

本土发射是指通过通讯卫星直接向海外发射信号、传送节目。自1996年起,CCTV开始租用"泛美2号""泛美3号""泛美4号"三颗卫星,把国际频道的节目信号输送到覆盖全球98%人口居住的国家和地区。但由于各国、各地不同的法律规定,上星节目能否以整频道形式进入对方的有线电视网,还要经过一个艰苦的谈判过程。

"借船出海"主要包括两种途径:一是向境外电视台提供节目;二是与境外电视机构合作办台或经营固定频道、时段。例如CCTV一直坚持向CNN等海外媒体传送新闻节目;1992年,CCTV与香港爱国人士徐展堂合作创办欧洲东方卫星电视;1993年,CCTV与美国3C集团合作创办美洲东方卫星电视等。

借助外力是指我国政府部门或影视机构邀请或接待境外摄影团队来华拍片,借他人之手传播中国形象。以1994年为例,广播电影电视部共接待境外22家广播电视机构的30多个摄影队来华采访。

商业销售是指利用商业渠道将我国的对外宣传节目打入国际市场。1991

---

① 刘笑盈、吴燕:《CCTV电视国际传播及其对世界传播格局的影响》,《现代传播》2008年第5期。
② 刘习良主编:《中国电视史》,中国广播电视出版社2007年版,第388页。

年之前,CCTV的对外宣传节目以免费寄送为主,但从1992年起,该台先后在北美、西欧、东南亚、澳洲以及我国的台湾、香港等地区建立了节目销售网络。

第三,加快国际频道海外落地和"走出去"步伐。

节目"上星"容易"落地"难问题,曾一度是困扰CCTV对外传播的瓶颈。在"走出去"战略的带动下,中央电视台不断加快国际频道在海外落地的步伐。1997年5月,CCTV-4通过南非多选电视台的数字卫星转播,实现了在非洲和欧洲全境播出;10月,通过美国"银河4号"卫星覆盖北美;同年,还实现了在拉丁美洲的落地播出,填补了CCTV在海外落地的最后一块空白。1998年8月,CCTV与富士电视台等几家日本媒体合作,建立了CCTV大富频道,该频道以实时转播CCTV-4节目为主,同时在部分时段插播一些本土化节目,在当地采用付费频道方式进行商业运作。2000年,CCTV与挪威电信公司合作,将CCTV-9纳入Canal Digital直播平台,覆盖北欧四个国家,这是CCTV-9开播后第一个整频道落地的项目。

2001年,广播电视"走出去"工程被列入国家广电总局重要工作议程。同年,CCTV分别与美国的时代华纳和新闻集团签署协议,CCTV-9在美国部分城市进入有线网和直播平台,而对方的星空、华娱频道进入广东部分有线电视网,这开了与境外媒体互惠落地合作模式的先河。

自2004年起,CCTV联合国内十多家电视台和境外中文媒体成立了中国卫星电视长城平台,由中国国际电视总公司负责频道集成和海外推广落地,这标志着以CCTV为首的中国电视开始规模化、联合开拓海外电视市场。同年10月,长城美国平台开播,以商业化运营模式,通过卫星直接入户;2005年2月,长城亚洲平台开播,以非商业化运营的模式,通过直播卫星开路播出;2006年8月,长城欧洲平台通过IPTV网络首先在法国播出;2006年12月,长城加拿大平台获准在加拿大落地;2008年1月,长城拉美平台正式开播。

总之,这一时期的国际传播开始以专门的国际频道为传播载体,同时开拓多元化的对外宣传渠道,在"走出去"战略的带动下,全面向海外电视市场进军,并极力参与国际电视竞争。

(四)建设国际一流媒体,全方位跨越式发展的阶段(2008年至今)

2008年,CCTV成立50周年,这一年在CCTV的国际传播发展史上具有重要意义。在这一重要年份,时任中共中央总书记、国家主席胡锦涛发来贺信:"努力把中央电视台建成技术先进、信息量大、覆盖广泛、影响力强的国际一流媒体。"为此,CCTV提出"两个战略转变",即"由以国内发展为主,向国际国内并重发展转变;由以传统媒体为主,向传统媒体与新兴媒体融合发展转变",并以"推进国际传播能力建设、建设国际一流媒体"为目标,开启国际一流媒体发展战略。

第一,加快开播国际电视频道,增强多语种的频道覆盖能力,进一步完善规模化的整体对外宣传格局。

2010年4月,CCTV将CCTV-9改版为CCTV-News,它成为中国也是华人社会第一个24小时英语新闻频道。其后又接连开播了阿拉伯语、俄语国际频道,还推出了纪录频道国际版、综合频道香港版,国际频道发展迅速。截至目前,CCTV共开播有CCTV-4、CCTV-News和西班牙语、法语、阿拉伯语、俄语等国际频道以及纪录频道国际版共计7个国际频道,播出语种数达到6种,成为全球唯一使用全部联合国工作语言播出节目的电视机构,完善了规模化的整体外宣格局。随着多语种国际频道以及纪录频道国际版的创立,CCTV的对外宣传节目不再局限于新闻和专题类型,还包括谈话、评论、纪录片、资讯服务、综艺等,几乎囊括了所有的电视节目形态。

第二,加快海外记者站建设步伐,构建覆盖全球的新闻采编网络,国际新闻传播能力大幅提升。

从2009年起,CCTV海外记者站建设速度明显加快。仅三年时间,就由2009年年初的19个发展到2011年年底的70个,新增海外记者站51个。2010年,新建俄罗斯、非洲、亚太、拉美、中东五座海外中心站,构建起包括欧洲、北美在内的七大海外中心站及海外记者站遍布全球的新闻采集网络。2012年年初,CCTV海外记者站进一步将非洲、北美两大海外中心站升格为海外分台。

这一系列举措使 CCTV 国际新闻传播能力大幅提升。2009 年,海外记者日均发稿仅为 8 条,2011 年则达到了 35 条,发稿量占全台国际新闻的比例由 2009 年的 12% 增长到 2011 年的 40%。据统计,在 2011 年 1-10 月期间发生的 51 件国际重大突发事件中,CCTV 对其中的 35 件进行了第一时间现场直播报道,占国际重大突发事件总数的 69%。特别是对利比亚战争、日本大地震的报道内容,被其他国际一流媒体广泛转载。

第三,大力推动海外落地工程,逐步进入发达国家中心城市,海外用户数量增长显著。

2011 年,CCTV 的海外落地工程实现了四个方面的突破:一是在欧美主流社会取得突破,在华盛顿、纽约等美国核心城市播出,并落地旧金山、洛杉矶的数字地面平台,同时进入德国、比利时、荷兰、瑞士和奥地利五国主流平台,取得了过去一直想进而未能进入地区的突破;二是在非洲地区取得突破,纪录频道通过南非一家主流公司落地撒哈拉沙漠以南的 40 多个非洲国家;三是酒店落地取得突破,2011 年新增了 150 家酒店,还将落地欧洲的 250 家酒店;四是海外本土化落地取得突破,与日本大富公司合作,将 CCTV-4 整频道译制成日语在当地播出,覆盖日本主流用户 300 万。①

截至 2011 年年底,落地国家增至 171 个,基本实现全球覆盖;海外用户数达到 2.17 亿,仅 2011 年就同比增长 46%。以纪录频道国际版为例,截至 2011 年年底,已在 58 个国家和地区落地,有效用户达 2,365 万。

第四,搭建多元化的国际传播平台,加快实现传统媒体和新媒体的融合,适应新媒体环境下传播渠道转型的需要。

首先,积极建设中国电视长城平台,用商业模式来推动"走出去"的步伐。作为全球最大的付费华语电视平台,长城平台积极推动中央电视台的外语国际频道进入海外平台的基本层播出。截至 2012 年年底,长城平台的全球付费用户突破 12 万。

---

① 魏地春:《中央电视台国际传播能力建设三年来的工作进展》,2011 年 12 月 16 日在中宣部国际传播能力建设部际联席会议上的讲话。

其次,CCTV 在原央视网的基础上,于 2009 年年底开通中国网络电视台(CNTV),其发展定位也由过去的"传播中国、视听全球"转变为"视听中国、互动世界"。自开通以来,CNTV 已搭建 20 余个专业频道和 5 个外语台。截至 2012 年年底,建成俄罗斯、北美和亚太三个海外本土化网站,成为亚洲最大的以网络视频为核心的多媒体数据库,拥有网络电视、IPTV、手机电视和移动电视四个集成播控平台。

此外,还于 2011 年运行了国际视频发稿平台(现国际视通),"这个平台按照国际传媒通行的发布方式和发布渠道,将中央电视台拥有版权的新闻报道直接传送给全球各类媒体和新闻合作与服务机构,实现新闻的二次传播,是我国电视对外传播在传播渠道和传播策略方面的一个重大尝试和创新"。[①] 据统计,2012 年国际视通对外发布的中央电视台新闻素材累计被包括 BBC、CNN 在内的 71 个国家和地区的 1,434 家电视台和频道使用 39.9 万余次。例如,"天宫一号"和"神舟八号"对接的新闻素材共被 120 家媒体使用,播出 906 次;一条关于利比亚平民死于北约空袭的现场采访总计被使用转载 1,070 次。境外电视媒体如此大规模、高频次地采用中央电视台的电视新闻素材,在我国国际传播发展史上尚属首次。

总之,这一时期在国际一流媒体战略的带动下,CCTV 的国际传播实现了全方位、跨越式发展,无论是在新闻采集网络及话语平台的构建上,还是在全球传播的语言覆盖、技术覆盖和渠道覆盖方面,都达到了前所未有的高度。

纵观 CCTV 的国际传播发展历程,可以概括出以下特点:一是从中国新闻航空寄送,转变为通过自己的国际频道卫星电视直接播出;二是从租台播出节目,转变为在外国建台播出;三是从免费寄送节目,转变为建立节目销售网络;四是从单一语种节目,转变为多语种节目;五是从面向海外华人,转变为面向华人和面向外国观众并重。[②]

---

[①] 崔屹平、李宇:《二十年来中国电视对外传播理念嬗变初探——以中央电视台为例》,《现代传播》2012 年第 8 期。

[②] 赵化勇主编:《中央电视台发展史(1958~1997)》,中国广播电视出版社 2008 年版,第 435 页。

## 二、CCTV – News 概述

CCTV – News 的前身 CCTV – 9 是 CCTV 第一个用英语播出的国际频道,于 1997 年 6 月试播,2000 年 9 月 25 日正式开播。频道成立之初的定位为"让世界了解中国的窗口",突出了传播中国文化的功能。频道内容以新闻及新闻性节目为主,专题及文艺节目为辅,目标受众包括中国和世界各国的英语观众。各档整点新闻对发生在世界上,尤其是亚洲和中国的重大新闻进行实时跟踪报道;各类访谈、专题、文化和文艺类节目透析中国政治、经济、历史、文化、民俗等各个社会层面;几档教学节目是观众学习中国优美的语言和了解灿烂文化的课堂。[①]

2002 年,频道进行首次改版,全部并入 CCTV – 4 的 4 小时英语节目,扩展全天三档综合新闻并增加节目时长。频道功能由文化向新闻转变,从传播中国文化、树立文化中国的形象,转变为传播中国资讯、树立现代中国的形象。

2003 年,频道再次改版,将定位重新调整为"了解中国和世界的窗口",而不仅仅只是"了解中国的窗口",内容更加转向新闻和全球化的资讯服务,频道的宣传色彩逐渐淡化,努力打造国际化的频道形象。在重大事件、突发事件报道方面取得突破,尤其是在对伊拉克战争持续一个月的直播报道中,CCTV – 9 崭露头角,收视率较平时提高六倍,国际知名度也随之提升。

2004 年 5 月,CCTV – 9 进行全面改版,此次改版有以下几个亮点:

首先,频道重新进行定位,从过去"让世界了解中国,让中国走向世界,向世界打开一扇了解中国的窗口"的传播宗旨,转变为"全球的视角、中国的眼光、世界的窗口",其核心是将原来的一个窗口变成了两个窗口,不仅是国际社会了解中国的窗口,也是中国了解世界的窗口。[②]

其次,这次改版第一次借助外脑的力量,邀请美国福克斯新闻频道的资深制片人约翰·特伦奇奥(John Torrenzio)担任频道包装和节目改版顾问,以改变

---

[①] http://www.cctv.com/english/cctv9oneyear/sanji/sanji.html.
[②] 李宇:《中国电视国际化与对外传播》,中国传媒大学出版社 2010 年版,第 12 页。

CCTV-9"更像是一个翻译频道"的状况,同时吸取了"谨慎使用中国元素""从受众的需求和收视习惯出发""考虑海外观众的不同审美标准"等建议。

最后,开始正式启用外国人主持节目。来自澳大利亚广播公司的埃德温·马厄(Edwin Maher)等多位外籍主播走上中央电视台荧屏,"他的亮相被海外媒体看成共产党国际宣传策略的重大转变,各种采访纷至沓来,埃德温自己成为新闻"。① 对此,《中国中央电视台年鉴(2005)》记载:"英语母语人士参与主持,不仅大大提高了英文国际频道的播报水平,增强了可信度,而且进一步突出了国际频道的特色。"

2009年8月,频道对各栏目、节目实施调整,尤其针对欧美黄金时间增加了夜间播出档次,使之成为一个真正实现24小时直播的国际电视频道。

2010年4月26日,CCTV-9改版更名为CCTV-News,这"既是CCTV加强国际传播能力建设的重要举措,也是向打造国际一流电视媒体的目标迈出的坚实一步;既是提升我国主流媒体国际传播能力的必要措施,更是我国积极参与国际舆论竞争、争夺国际话语权、扩大中国声音、展示和树立中国国家形象的必然选择"。② 此次改版,还意味着频道性质从一个以新闻内容为主的综合型国际频道,向一个全新闻的专业型国际频道的根本改变。

作为CCTV国际传播的旗舰频道,CCTV-News重新定位为"中国观点、东方视角、国际化表达":"中国观点"就是要坚定政治立场,坚持以国家利益为重;"东方视角"是要把报道重心放在亚洲,争取形成与英国BBC、美国CNN鼎立之势;"国际化表达"就是要解放思想,以符合国际惯例的传播方式强化国际舆论引导。频道还提出"You Link to Asia"(为你链接亚洲)的宣传口号,"这句口号可以从以下几个方面来理解:首先,我们的战略目标是分三步走,第一步要成为亚洲最有影响力的新闻频道,第二步要成为受广大发展中国家欢迎的新闻平台,第三步要真正成为与我国实力相称的世界一流媒体。因此,要在亚洲成为

---

① 《南风窗》,http://news.sohu.com/20071126/n253483525.shtml。
② 王国庆:《增强国际传播能力 打造国际一流媒体》,《电视研究》2010年第9期。

首屈一指的国际新闻频道是我们当下的任务"。①

在节目设置上,CCTV-News"一是增加新闻时段和品种,取消一般性综艺节目。日播新闻节目由14小时增加到19小时,并实现在亚洲、欧洲、美洲的黄金收视时间全部播出新闻,形成了全频道24小时整点有新闻和综合新闻、分类新闻、深度报道与评论节目相互配合的新闻频道基本形态。二是提高新闻自采率和信息量。2010年4月26日至5月4日,英语自采新闻比改版前增长125%;首播新闻量占新闻播出总量的52%,比改版前增长近60%。三是强化深度报道和财经报道。新开设或改版《中国24小时》《财经亚洲》《新财富》等深度报道栏目。四是强化评论,加大中国观点传播力度。在全天各时段,尤其是亚洲、美洲、欧洲的黄金时间增加即时新闻点评,并引入国际化的评论节目形态,更加有利于中国观点的有效传播"。② 改版后,CCTV-News在节目内容和类型上的变化可以概括为重新闻、重财经、重评论和重亚洲几个特点,这正契合了频道改版的整体定位,同时也更加符合24小时新闻频道的国际化标准。

在总结改版运行半年的基础上,2010年11月,CCTV-News再次进行全频道的微调,主要体现在两个方面:一是优化节目编排,如北京时间下午时段增加新闻,减少专题,进一步强化频道的新闻属性,北京时间晚间时段(亚洲黄金时间)将重点品牌栏目播出时间提前,强化品牌栏目在亚洲的影响力;二是加大对品牌栏目的扶持力度,集中优势资源重点打造《对话》《中国24小时》《财经亚洲》《今日亚洲》四个品牌栏目。

2012年1月,中央电视台开播非洲分台节目,2月开播北美分台节目,由此,CCTV-News开始步入全球化节目制作的发展阶段。2014年12月29日,频道正式进驻北京中央商务区的新总部大楼。最近一次改版沿袭了每个整点播出新闻的新闻频道基本编排特色,进一步加大了新闻版面,增加财经类新闻,依然重点关注亚洲。③

---

① 范昀:《从CCTV-NEWS改版谈对外传播思路》,《电视研究》2010年第9期。
② 胡占凡主编:《中国中央电视台年鉴(2011)》,中国广播电视出版社2012年版,第77页。
③ 解峥、赵雪波:《央视英语新闻频道未来发展的路经——兼论如何打造世界一流媒体》,《现代传播》2015年第8期。

## 第四节　BBC 的国际传播发展概况

### 一、BBC 的国际传播发展及特点

英国广播公司初创于 1922 年,其前身是一家名为 British Broadcasting Company 的私营公司,1926 年年底改制为现在的英国公共广播公司。1932 年,创办"BBC 帝国服务"(BBC Empire Service),开始为全球受众提供短波广播服务,这成为其国际传播活动的开端。

纵观 BBC 国际传播活动的发展历程,大致可划分为以下几个阶段:

(一)广播全面辉煌,国际电视以重大事件直播为主的阶段(1932—1986 年)

1932 年,BBC 创办了"BBC 帝国服务",为全球受众提供短波广播服务。1939—1946 年第二次世界大战期间,电视服务由于战争的原因中断,使广播服务表现得相当活跃。从 1938 年起到 1942 年年底,几乎所有欧洲主要语种的广播都陆续开办。1939 年,BBC 将"BBC 帝国服务"更名为"BBC 海外服务"(BBC Overseas Service),并于 1941 年增加了一项致力于欧洲的服务——"BBC 欧洲服务"(BBC European Service)。1965 年,"BBC 海外服务"又改名为"BBC 世界服务"(BBC World Service)。

一直以来,BBC 的电视服务就有关注国际新闻的传统。1953 年开播的《全景》(Panorama)栏目,最初就定位于"英国以外的世界"(World Outside Britain)。[①] 1953 年,BBC 直播了女王伊丽莎白二世的加冕礼,这几乎改变了电视业的历史,促成了当时英国黑白电视的热销。

卫星技术的发展成为推动 BBC 电视节目国际化的最大动力。"虽然 1962 年,BBC 就曾通过卫星接收过来自美国的电视信号,但直到 60 年代末,通过卫

---

① Kevin Williams, *Get Me a Murder a Day! A History of Media and Communication in Britain* (Second Edition), London: Bloomsbury Publishing Plc, p. 146.

星直播将全世界连在一起才成为可能,BBC 是第一个做这样尝试的电视机构。"①1967 年,BBC 创办卫星直播节目《我们的世界》(Our World),参与该档节目制作的国家得以实时收看。1981 年,查尔斯王子与戴安娜的婚礼直播吸引了"全球大约 7.5 亿人收看婚礼,成为 BBC 有史以来最受欢迎的电视节目"。② 1985 年直播的 Live Aid 摇滚音乐会,则创造了最大范围的收视纪录,"全球估计 60 个国家的 4 亿人同时收看了这一节目"。③

这一时期是 BBC 的国际广播最为辉煌的时期,其国际电视发展进入以重大事件直播为主的阶段。得益于电视技术的发展,尤其是在通讯卫星技术的支持下,BBC 创造了重大事件全球同步直播的全新电视传播模式。

(二)成立国际电视频道,初创国际新闻品牌的阶段(1987—1993 年)

1987 年,BBC 成立了第一个国际电视频道——"BBC 欧洲电视"(BBC TV Europe),该节目信号覆盖整个欧洲大陆,混合播出 BBC1、BBC2 的节目以及 BBC 播出的国内晚间新闻、区域新闻节目等。

1991 年,这个频道被"BBC 世界电视服务"取代,成为 BBC 第一个在世界范围内播出的电视频道。在欧洲,如同 BBC TV Europe 一样,它混合播出 BBC1 和 BBC2 的节目,但用世界新闻替代原来的国内新闻节目。在欧洲以外,BBC WSTV 作为一个 24 小时的国际新闻频道,成为 CNNI 的竞争对手,重点播出时事新闻节目以及来自 BBC1 和 BBC2 的纪录片节目等,其娱乐节目由星空卫视(STAR TV)的旗舰频道 STAR Plus 播出。

不同于"BBC 世界服务"(广播)和其他的国内电视频道,BBC WSTV 因外交部拒绝拨款,从一开始就是一个商业运营的国际电视频道。例如,在香港,BBC WSTV 就尝试了一系列的商业合作,其中包括播出一些香港本土制作的节目和"星空新闻"(STAR News)的新闻节目;和印度尼西亚的无线电视频道 RCTI

---

① BBC 官网:http://www.bbc.co.uk/historyofthebbc/wherenext/index.shtml#25。
② BBC 官网:http://www.bbc.co.uk/historyofthebbc/wherenext/index.shtml#33。
③ BBC 官网:http://www.bbc.co.uk/historyofthebbc/wherenext/index.shtml#37。

在播出内容上展开合作;和 CNNI 签署协议接入对方的播出平台;和 STAR News 合作组建 STAR TV BBC World Service Television Asia……

这一阶段时间虽然短暂,但意义重大:英国广播公司推出了首个国际电视频道,开始大力发展国际电视业务;同时以 CNNI 为目标,积极介入世界电视新闻市场,从而成为其开创国际新闻品牌的重要时期。

(三)国际电视商业运营,国际化和商业化共进的阶段(1994—2001 年)

1994 年,BBC 重组成立"BBC 环球有限公司"(BBC Worldwide Ltd),其前身"BBC 商业有限公司"(BBC Enterprises Ltd)最早源自 1958 年的电视节目商业开发部门。

BBC 环球负责 BBC 品牌在全球的开发与运营,通过投资、商业合作、内容销售等多种方式最大限度地获取利润以弥补国内执照费的不足,从而实现对 BBC 公共服务的有力支撑。其运营市场包括北美、英国、澳大利亚和新西兰四大区域,以及全球市场(亚洲、CEMA、拉丁美洲和西欧),涉及内容、数字化和品牌三个全球商业领域,在区域内设置战略框架和参数并同母公司 BBC 保持紧密联系。[①] BBC 环球成立以后,实质上为 BBC 的发展战略带来了巨大的改变,由此前主要注重新闻品质的国际影响,转变为谋求商业化与国际化并举的方针。

1995 年 1 月,BBC WSTV 再次被拆分为 BBC World 和 BBC Prime(即现在的 BBC World News 和 BBC Entertainment)两个频道。前者是一个 24 小时用英语播出的无线电视国际新闻频道,如今已发展为世界最著名的国际新闻频道之一;而后者是一个 24 小时用英语播出、以生活休闲娱乐为主要内容的有线电视频道。

BBC World 和 BBC Prime 成立之初,就由 BBC 环球负责运营。但当时,BBC 的 24 小时国际新闻服务尚未获取利润,与此相反,它的国际娱乐频道 BBC Prime 则大获成功。作为与英国传媒公司皮尔森集团(Pearson Group)合资建立的频道,BBC 主要向欧洲提供用英语播送的节目。通过与商业公司合资,BBC

---

① BBC 官网:http://www.bbcworldwide.com/about-us.aspx。

的业务已逐渐扩展到了国际市场。这些合作都基于共同的利益获取：商业频道通过 BBC 的品牌获取利益，而为资金所束缚的 BBC 则能从中获得更多的资源来制作节目。在 BBC 环球的成功运营下，BBC 一跃成为欧洲最大的电视节目出口商，1997 年它向 67 个国家的 554 家广播机构共输出了 27,000 小时的节目，而在 1998 年仅电视出口收入就达到了 1.35 亿英镑。通过借助它成立于 1994 年的商业化的分公司英国国际广播公司（指 BBC 环球，BBC Worldwide），BBC 已经在英国或者全球、全部拥有或者以合资的频道形式参与了世界媒体市场的竞争。①

这一阶段以 BBC 环球的成立为标志，自此 BBC 的电视、广播、新媒体等的国际业务均以统一的 BBC 品牌进行运营；BBC World 在这一时期已发展成为和 CNNI 并驾齐驱的著名国际新闻频道。

（四）重整资源，大力推进全球扩张的阶段（2002 年至今）

2002 年，BBC 进行机构调整，重组广电频道及商业部门。例如，将"BBC 知识频道"（BBC Knowledge）改版为艺术与纪录片频道——BBC4，而将儿童频道（CBBC）拆分出一个针对更为年幼孩子的 CBeebies 频道等。

同时，整合所有的国际广播电视资源，"将世界电台、世界电视台和英国广播公司在线（对外部分）改为一个全球性新闻机构，BBC 新闻中心继续为这几个部门采集新闻，并提供英语新闻和时事节目。世界电台经费仍由政府拨款；世界电视台由从事商业活动的 BBC 环球公司分离出来以后，经费仍来自商业收入，但其内容由以公共资金（收视费）为来源的新闻中心提供。英国广播公司进行这一整合是为了把'世界广播电台和世界电视台的编辑方针、市场营销和极其重要的受众调研结合在一起'，利用'世界电台的对外报道经验、技能和深度分析能力，更高效地前进'，从而达到政府提出的'领先世界'的目的"。② 为更有效地保障新闻品牌的中立性，BBC World 从 BBC 环球中剥离出来，并入新成

---

① 〔英〕达雅·屠苏：《国际传播：延续与变革》，董关鹏主译，新华出版社 2004 年版，第 168 页。
② 温飚：《英国广播公司的改革之路》，《视听界》2004 年 5 期。

立的全球新闻部门。

此次改革几乎涵盖BBC所有的业务及商业部门,既整合了内部资源,又重塑了品牌定位,尤其是强化了它的全球扩张战略,对BBC电视服务的国际传播发展起到了有力的推动作用。由于广播受众的减少,"BBC世界服务"于2008年开创性地推出两个小语种电视频道——BBC阿拉伯语频道(BBC Arabic Television)和BBC波斯语频道(BBC Farsi Television)。其中,BBC Arabic Television已是BBC继1996年失败后第二次尝试开办的阿拉伯语电视频道。这两个频道由公共资金进行支持。

此外,BBC环球通过商业运营成功地将国际传播战略由内容渗透拓展为资本持有。目前,BBC环球投资的22家品牌频道涉及娱乐、纪实、教育和儿童节目的不同定位,辐射到全球各大洲超过100多个国家的3亿多家庭。[①] 根据其2012—2013年度报告,在这一年时间里,BBC环球成功运作15个品牌频道首次打入新兴市场,包括在巴西开播BBC HD,在缅甸开播BBC Entertainment、CBeebies和BBC World News,在柬埔寨开播BBC Knowledge和BBC Lifestyle,在印度尼西亚开播BBC Entertainment,在中欧和东欧、斯洛文尼亚、罗马尼亚、匈牙利和塞浦路斯成立一个新的BBC Knowledge CEE频道,在挪威首次开播一个独立的广告运营的BBC Entertainment,在匈牙利和罗马尼亚新增本土语言版本的BBC Entertainment以及在智利增加BBC HD,等等。

总之,这一时期是BBC全球扩张及国际传播迅猛发展的时期,其传统的广播部门也参与到国际电视业务里,并和商业运营的电视频道一起共同促进国际传播的发展与影响力建设。

纵观BBC国际电视发展的历程,有几个较为明显的特点:一是BBC在全世界最早创办电视事业,国际电视传播发展的历史较早;二是在全世界的电视新闻领域BBC虽然起步晚于CNN,但最终创造出和CNNI齐名的一流国际新闻频道;三是BBC开创了国际化和商业化并举的国际传播发展模式,并通过国际频道的商业运营反哺公共服务,而其品牌效应又相应地推动了它的国际化进展。

---

① 胡正荣、关娟娟主编:《世界主要媒体的国际传播战略》,中国传媒大学出版社2011年版,第22页。

## 二、BBC World News 概述

1991年3月11日,BBCWN的前身"BBC世界电视服务"是在取代"BBC欧洲电视"的基础上成立的,它是BBC第一个具有全球意义的国际电视频道。

针对不同区域,BBC WSTV采取差别化的节目策略:在欧洲,基本延续BBC TV Europe一贯的节目设置,混合播出BBC1和BBC2的节目,但用《世界服务新闻》(World Service News)取代原有的国内新闻节目;而在欧洲以外,为了和CNNI竞争,它播出除《世界服务新闻》以外BBC1和BBC2的时事与纪录片节目,并提供24小时的新闻、信息和时事报道,从而成为BBC专业国际新闻频道的雏形。

1995年1月26日,BBC WSTV拆分为BBC World和BBC Prime两个频道。其中,BBC World即现在的BBCWN,是一个24小时用英语播出的无线电视国际新闻频道;而BBC Prime为BBC Entertainment的前身,虽然同样是24小时用英语播出,却是以生活、休闲、娱乐为主要内容的有线电视国际频道。

BBC World的频道形象历经多次改版:1995年,以简洁曲线对频道名称进行展示;1997年,为配合BBC整体形象的再包装,采用多面虚拟旗帜的虚实演绎,面貌焕然一新;2000年,以红色和奶油色为主色调,音乐一改新闻节目常用的管弦乐,率先使用大卫·罗威(David Lowe)创作的"鼓和哔啵"(drums and beeps)风格的音乐;2003年,音乐再做细微调整,但频道主色改为黑色和红色,演播室则改成白色和红色的磨砂玻璃。

此外,BBC World还非常重视自身品牌的定位和推广,相继开展了一系列品牌策划和宣传活动。如2000年4月,频道定位为"全面理解"(making sense of it all),并在全球开展品牌宣传活动,提倡对新闻的深入理解和解读;2002年11月,联合"BBC世界服务"提出"更广阔的视野"的品牌定位,"强调BBC的国际新闻报道,并提醒观众BBC具有国际声誉的公正性和专业性,能够确保BBC对每一个故事、每一个观点进行平衡的、充分的检验"。[①]"新闻第一"(putting

---

[①] BBC官网:http://www.bbc.co.uk/pressoffice/pressreleases/stories/2002/11_november/21/world_ad-campaign.shtml。

news first)则是 BBC World 于 2005 年 1 月启动的有史以来最大的品牌活动,在这次活动的宣传片中,记者和摄像师讲述了最激动人心事件背后的故事,再次强调了 BBC World 的国际新闻采集力量,以及制作团队致力于提供中立、精准和深度报道的承诺。

2008 年 4 月 21 日,沿用已久的频道名称更改为 BBC World News(简称 BBCWN),这源于频道在提供内容方面的富有成效,在过去几年已转向专注于新闻和节目的服务。与此同时,改版后的频道启动"问题的力量"(the power of questions)宣传活动,提出"永不停止提问"(never stop asking)的口号,旨在促进频道发扬新闻质询的精神。

2013 年 3 月,BBCWN 联合 BBC 在线启动新的品牌定位和全球市场战略"体验故事"(live the story),该活动覆盖电视、报纸、网络、广播、户外和体验媒体等。"建立在值得信任的、权威的新闻机构这样一流的信誉基础上,'体验故事'展现了分布在世界各地的 BBC 记者们真实、可靠的视角。用生动而富有激情的讲述,分享他们独一无二的观点,他们不只是在报道一个故事,还在用第一手的资料描述事件发生的感觉。由于有着比任何其他国际新闻机构更多的驻外记者,BBCWN 和 BBC 在线能够通过'体验故事'将全球观众真实地连接起来。"①该活动覆盖了电视、平面媒体、网络、广播和社交媒体等多种平台,重点关注德国、新加坡、中国香港、美国以及欧洲其他区域的市场。

## 本章小结

本章对大众传媒的国际化发展,尤其是国际新闻频道的发展与现状进行纵向梳理,为本文的个案研究对象 CCTV - News 和 BBCWN 提供了历史的分析视角。

大众传媒的国际化及产业化发展必然造就世界上一些拥有强大传播能力

---

① BBC 官网:http://advertising.bbcworldwide.com/home/advertisewithus/whatsnew/live - the - story。

与经济实力的跨国传媒集团,但目前这些传媒集团大多为西方国家所有。近年来,国内"国际一流媒体"话语的提出凸显出新时期我国对国际传播以及大众传媒国际化发展的重视,并推动了中央电视台等一系列国家级媒体的国际一流媒体建设。

从国际一流媒体角度来看,当今世界国际传播发展的特点与趋势主要体现在以下几个方面:一是由国际一流媒体主导国际传播格局的局面持续存在;二是单一的政治功能弱化,以信息功能为基础的多元化功能增强;三是拓宽多语种的信息传播渠道,提升跨文化的国际传播效果;四是发展新技术,推进媒介融合趋势要求下的媒体自身转型。

作为国际媒体的一种,国际新闻频道的国际传播意义重大,不仅是各国媒体,甚至成为各国政府争夺话语权、引导国际舆论的战略平台。当前,CNNI、BBCWN 和 Al Jazeera 是世界三大最具影响力的国际新闻频道。但新世纪以来,越来越多非西方国家纷纷创办国际新闻频道,这无疑有利于国际话语的多样化呈现,也有利于重塑平等的国际传播格局。

概括而言,CCTV 的国际传播发展可分为四个阶段:一是以寄送出国片为主要形式的阶段(1959—1975 年);二是从节目到栏目、从寄送到利用通讯卫星传送的阶段(1976—1991 年);三是开办国际频道,参与国际电视竞争的阶段(1992—2007 年);四是建设国际一流媒体,全方位跨越式发展的阶段(2008 年至今)。

CCTV-News 的前身是开播于 2000 年 9 月的中央电视台第一个英语国际频道 CCTV-9,并于 2010 年 4 月改版更名为 CCTV-News。可以说,CCTV-News 是依托中央电视台的国际传播发展而发展的。

BBC 国际传播的发展历程可概括为四个阶段:一是广播全面辉煌,国际电视以重大事件直播为主的阶段(1932—1986 年);二是成立国际电视频道,初创国际新闻品牌的阶段(1987—1993 年);三是国际电视商业运营,国际化和商业化共进的阶段(1994—2001 年);四是重整资源,大力推进全球扩张的阶段(2002 年至今)。

BBCWN 的前身"BBC 世界电视服务"在取代"BBC 欧洲电视"的基础上,于 1991 年 3 月成立,是英国广播公司第一个具有全球意义的国际电视频道。1995 年 1 月,BBC WSTV 拆分为 BBC World 和 BBC Prime,其中,BBC World 发展成为和 CNNI 齐名的世界一流国际新闻频道。2008 年 4 月,频道更名为 BBC World News,成为 BBC 国际传播发展的重要组成部分。

# 第三章　CCTV 和 BBC 的国际传播制度比较

本章按照国际传播软实力的分析框架,首先从"资源维度"方面对 CCTV 和 BBC 进行比较。确切地说,鉴于制度资源的重要性,以及相较于基础资源和软实力之间的确定性,本章将着眼于制度资源进行比较。具体地说,本章将在阐明制度以及国际传播制度的含义基础上,从传播理念和传播体制两个层面进行比较。其中,传播体制又主要可以分解为传媒的产权性质、组织结构、运营模式、管理改革和监管机制等几个方面。

需要指出的是,单一电视频道的传播制度往往由母公司的制度定位决定,因此本章遵循先从 CCTV 和 BBC 的传播制度比较入手,再从中概括出其CCTV-News 和 BBCWN 的国际传播制度特征这一逻辑过程。

## 第一节　制度的含义及国际传播制度

"制度"(institution)是一个高度抽象而复杂的概念,其中心含义是从拉丁语动词"instituere"(创立或建立)派生而来的,表明一种已确定的活动形式或结构的结合。美国制度主义学派创始人托斯丹·凡勃伦(Thorstein Veblen)认为,制度"实质上就是个人或社会对有关的关系或作用的一种思维习惯"。[1] 另一位代表人物约翰·康芒斯(John Commons)指出,制度的实质即"集体行动控制个

---

[1] Schultz T. W., "Institutions and the Rising Economic Value of Man", *American Journal of Agricultural Economics*, 1968, p.50.

体行动"。① 道格拉斯·诺斯(Douglass North)从行为规则的角度指出,制度是一系列被制定出来的规则、守法程序和行为的道德伦理规范,旨在约束追求主体福利或效用最大化利益的个人的行为。从这个意义上看,制度可以笼统地理解为由正式约束、非正式约束及其实施机制构成的一种规范人们行为的规则。

由以上诸多定义可以抽象出以下几点:第一,制度的本质在于它是人与人之间关系的规则,其目的是规范人们的行为;第二,制度中最核心的部分规定了制度的根本目的或宗旨,如宪法规则决定了一种制度的根本性质和控制结构;第三,除了宪法规则这种制定规则的规则外,制度还包括在宪法规则下的一系列具体制度安排和操作规则,还包括由人们的习惯、道德、伦理共同决定的人们的行为规范;第四,制度不仅包括成文的正式的以机构、法律等为载体的显性的制度安排,还包括大量不成文的行为惯例等隐性制度安排。②

总的来说,制度是一个社会化的概念,其功能在于约束人们的各种社会行为,以实践某种理想或达到某种目标。对某一社会组织来说,制度可外化为不同层面的表现形式:在微观层面,制度表现为组织在成员内部推行的各种行为规则;在中观层面,制度往往体现为社会组织的管理架构和运行机制等;在宏观层面,制度则是国家以行政或法律等手段,对组织及其成员实施的各种监管方式。

具体到大众传媒的国际传播活动,对这种高度社会化和专业化的活动进行的规范化管理,就是国际传播制度。通常认为,传播制度是社会制度中对大众传媒的传播活动进行直接或间接规范的部分,是社会制度在传媒领域的反映。

在对大众传媒的国际传播制度进行比较时,本书主要从传播理念和传播体制两个层面入手。其中,传播理念是传播体制形成的思想根源,而传播体制则是传播理念的具体实现和外化形式。

需要特别指出的是,对于大多数新闻媒体来说,由于它们的国际传播活动都不具有清晰的边界,往往和国内传播活动共同构成媒体的全部传播活动,其

---

① 〔美〕康芒斯:《制度经济学》(上册),于树生译,商务印书馆1962年版,第87页。
② 钱蔚:《政治、市场与电视制度——中国电视制度变迁研究》,河南人民出版社2002年版,第35页。

制度设计也往往不是截然分开的,因此,在讨论某一个媒体的国际传播制度的时候,有必要从整体的观念着手,先考察该媒体本身的传播制度,再聚焦其国际传播方面所体现出来的制度特征。媒体总体上的传播制度通常是其国际传播制度形成的基础和根源。

## 第二节　CCTV 和 BBC 的传播理念比较

### 一、CCTV 的"喉舌"宣传理念

"中国重要的新闻舆论机构……党、政府和人民的重要喉舌……中国重要的思想文化阵地",①这是 CCTV 目前的基本定位,这一定位反映出我国国家电视台所具有的宣传属性,也是我国宣传理念不同于西方新闻学理论的基本要点之一。在我国,CCTV 被形象地表述为党、政府和人民的"喉舌"。"喉舌"理念在体现出鲜明的中国新闻理论的特点的同时,也成为以 CCTV 为代表的中国媒体制度设计的基本理念。

在中国,"喉舌"思想最早可追溯至 1896 年梁启超在《时务报》创刊号上发表的《论报馆有益于国事》一文:"觇国之强弱,则于其通塞而已……去塞求通,厥道非一,而报馆导其端也。无耳目,无喉舌,是曰废疾。"梁启超最早提出报刊的"耳目喉舌"思想,认为国家的强弱在于"通塞",而"去塞求通"的首选工具就是报刊,为此他从"有益于国事"的高度立论,主张广开报馆,使其"有助耳目喉舌之用而起天下之废疾"。概而言之,梁启超的"耳目喉舌"思想是近代维新派对报刊的基本认识,"耳目"指报纸能帮助人们掌握国内外消息,"喉舌"指报纸能沟通上情、下情,作用在于开民智、通情况,可以从根本上维护封建统治的立场。

"戊戌变法"失败后,梁启超借鉴西方观点发展了"耳目喉舌"思想。1898

---

① CCTV 官网:http://cctvenchiridion.cctv.com/ysjs/index.shtml。

年,他在《清议报叙例》中明确提出《清议报》为"国民之耳目,作维新之喉舌"。1901年,在为《清议报》撰写的第100期发刊词中,他进一步指出,"报馆者,国家之耳目也,喉舌也"。自此,"耳目喉舌"开始成为一种报刊阶级性的表述,可以明确代表一个阶级的利益。

其后,资产阶级革命派对"喉舌"观点进行了实践和发展。1905年,孙中山创办《民报》时提出,"民报成立,一方面为同盟会之喉舌,以宣传主义;一方面则力辟当时保皇党劝告开明专制要求立宪之谬说,使革命主义如日中天"。由此,孙中山在中国新闻史上最早提出"报纸应该充任'党的喉舌'的革命家"观点。在他眼中,报纸是党的宣传工具,"强调'喉舌'为政党所支配所运用,有很强的政治指向性和阶级性"。①

此外,一些早期报人受西方自由主义报刊理论的影响,还提出了一些有别于党派阶级立场的"喉舌"观点。例如徐宝璜在《新闻学》一书中提出,报纸是国民的"喉舌",代表国民提出建议和要求,"言其所欲言而又不善言者,言其所欲言而又不敢言者";张季鸾在《本社同人之旨趣》一文中提出,报纸"愿向全国开放,使为公众喉舌"。

与传统的"喉舌"思想相比,中国共产党的无产阶级"喉舌论"主要深受马克思列宁新闻思想的影响。马克思恩格斯结合早期的无产阶级新闻实践,最早提出人民报刊的"喉舌"作用。1849年,在驳斥反动势力对《新莱茵报》的控告时,马克思指出:"报刊按其使命来说,是社会的捍卫者,是针对当权者的孜孜不倦的揭露者,是无处不在的耳目,是热情维护自己自由的人民精神的千呼万应的喉舌。"而在《〈新莱茵报·政治经济评论〉出版启事》中,马克思恩格斯又指出:"报纸最大的好处,就是它每日都能干预运动,能够成为运动的喉舌。"这些观点成为"对新闻本质的深刻揭示:任何新闻传媒在传播新闻的过程中,总要做某个阶级、党派或集团的'喉舌',而无产阶级的报纸,毫无疑问就是无产阶级政党和人民群众的'喉舌'"。②

---

① 周珊珊:《浅谈"耳目喉舌论"各个时期的发展演变及其影响》,《采写编》2013年第4期。
② 徐新平:《新闻"喉舌论"考述》,《湖南大学学报(社会科学版)》2001年第2期。

之后,列宁着重从政治角度强调了党报党刊的"喉舌"功能,认为新闻事业是党领导的无产阶级解放事业的一个重要组成部分,党所掌握的各种机关报刊都应"由确实忠实于无产阶级事业的可靠的共产党人来主持",并"完全服从于党中央委员会的领导"。

在汲取上述思想精华,并结合长期革命斗争中积累的新闻实践经验的基础上,中国共产党逐步形成了自己的"喉舌论"。1929 年,《党的生活》最早提出了党报党刊的"喉舌"作用,"《党的生活》与其他刊物的区别,不仅在于他要讨论党内的问题,而更在于他是一般党员的喉舌"。1930 年,《红旗日报》发刊词说,"本报是中国共产党机关报,同时在目前革命阶段中,必然要成为全国广大工农群众之反帝国主义与反国民党的喉舌"。1942 年,《解放日报》发表社论指出,"使《解放日报》成为真正战斗的党的机关报,成为一切愿意消灭民族敌人、建立民族国家的人的共同的喉舌……报纸是党的喉舌,是这一个巨大集体的喉舌。在党报工作的同志,只是整个党组织的一部分"。可见,早期的"喉舌论"受当时特殊的革命背景影响,主要以"党组织喉舌"为核心。

随着党报思想的成熟,"喉舌论"也逐步发展成为"党、政府和人民的喉舌"。1948 年,刘少奇在《对华北记者团的谈话》中说,"你们是党和人民的耳目喉舌……中央就是依靠你们这个工具,联系群众,指导人民,指导各地党和政府的工作的"。1956 年,《人民日报》改版,突出强调报纸是党的言论机关,也是社会的言论机关,是党和人民的"喉舌";既强调加强党委对党报的领导,又强调人民群众是党报的主人。

改革开放后,新闻媒体作为"党、政府和人民的喉舌"性质得到正式确立。1985 年,胡耀邦指出,党的新闻事业是"党的喉舌,自然也是党所领导的人民政府的喉舌,同时也是人民自己的喉舌"。1991 年,江泽民在《关于党的新闻工作的几个问题》中指出:"我们国家的报纸、广播、电视等是党、政府和人民的喉舌。这既说明了新闻工作的性质,又说明了它在党和国家工作中的极其重要的地位和作用。"至 20 世纪 90 年代,媒体的"喉舌"性质已演变为一种确切的新闻规范。1995 年,《中共中央宣传部关于进一步做好新闻舆论工作的若干意见》中规定:"我们党和国家的报纸、通讯社、广播、电视是党和人民的喉舌……牢固树立群众观点,密切联系群众,一切从人民的利益出发。"

由此看来,创建于1958年的CCTV从一开始就处于"党、政府和人民的喉舌"的话语框架下,其宗旨在于为党、政府和人民的利益服务。而社会主义理论认为,无产阶级的党和政府代表最广大人民群众的利益,因此,CCTV的"喉舌"理念的实质就体现为"为人民服务"。

## 二、BBC的公共服务理念

BBC刚成立时是一家"规模不大、带有投机性质"的电台,几年后它戏剧性地改制为公营公司,并创造性地提出公共服务(Public Service)的理念,成为当时"极有意义的社会创举"和"惊人的行政革新"。[①] 公共服务理念成为日后西方公共广播体制诞生和发展的思想源头,也使得BBC日益发展成为一家有别于美国私营媒体的公共广播电视机构。

早期私营BBC是为了解决当时无线电频谱资源稀缺而开办电台申请者众多的矛盾才成立的,邮政部门说服设备制造商共同投资成立了这家公司。为缓解经费的不足,"广播必须垄断""提高牌照费"等建议被提了出来,这是公共服务理念最早的体现。

第一任总经理约翰·瑞斯(John Reith)实践和发展了这一理念,他指出,"首先,广播电视应从商业化的压力下解脱出来,绝不能以追逐利润为目的;其次,它应该在全国范围为社会提供全方位的服务;第三,它必须'统一控制',受制于'垄断霸权的力量'而非地区性的或不同的利益集团;最后,广播电视应该进行封闭的管理以保证管理规范的高标准和节目制作的高质量"。[②]

然而,1954年《电视法案》(The Television Act 1954)的出台结束了BBC的垄断地位。1955年,英国首家商业电视台——独立电视台(ITV)成立。除了收费模式有所不同外,ITV"是以BBC为范本建立起来的",其结果是,"商业电视

---

① 〔英〕詹姆斯·卡瑞、珍·辛顿:《英国新闻史》,栾轶玫译,清华大学出版社2005年版,第91页。
② Bob Franklin(Edited),"British Television Policy: A Reader",London: Routledge,2001,p.19.

台最后也成了一种公共服务"。① 由此,公共服务的内涵突破了公营电视台的界限。ITV带来的竞争,也使BBC不得不重新审视自己的职责,从而更加致力于提高节目的质量。

20世纪80年代,有线电视和通讯卫星的发展打破了"公共性"的传统信条,基于频谱稀缺而建立的公共广播失去了存身的现实依据;与此同时,自由主义思潮席卷全球,大众传媒领域的"放松规制"和"私有化"成为主旋律。由此,公共服务理念第一次遭到强烈质疑,"这时的突出问题之一,就是政治独立性的问题。BBC这种机构的生存法则之一就是保持自己的客观公正性,而面对政府强烈的意识形态立场,BBC很难做到轻松自在"。② 1986年皮考克报告(Peacock Report)指出,BBC和ITV缺乏消费者至上的市场理念,而且BBC依赖公共资金和政府规制,其管理模式和组织结构很难避免受到政府及其他利益集团的左右。

为推进公共媒体的商业化进程,在之后的15年里,政府出台了一系列文件。其中,1992年英国国家遗产部发布了"BBC和公共广播电视的未来"白皮书,阐释了公共广播机构在流通渠道多样化的时代应具有的目标。1996年"皇家宪章"第一次明文同意BBC发展商业活动,"支持BBC在全球进行商业扩张,尤其是国际电视业务,以扩大英国在世界上的影响""总的来说,自皮考克报告以来,英国广播电视政策的价值理念发生了根本性的转变,公共服务广播电视传统也受到了前所未有的冲击,商业价值超越了文化价值,公民自由选择的理念取代了被动告知、受教育和娱乐的传统观念"。③

1999年,戴维斯报告提出公共服务理念的三个基本原则:一是BBC应当提供符合公共标准的产品和服务,但不可能全部都属于公共服务,其他广播机构也不是完全就不提供此类服务;二是公共广播能起到匡正市场失灵的作用,提供私营机构所不愿提供的信息、教育和娱乐;三是多年来ITV和Channel 4成功

---

① 〔英〕詹姆斯·卡瑞、珍·辛顿:《英国新闻史》,栾轶玫译,清华大学出版社2005年版,第138页。
② 同上,第173页。
③ 李继东:《英国公共广播政策变迁与问题研究》,中国传媒大学出版社2007年版,第76页。

地提供了公共服务,说明公共服务也可以通过私营领域实现。这些原则的提出,使公共服务的内涵进一步扩大了,肩负公共职责的除了纯粹的公共广播机构 BBC 外,还包括 ITV、Channel 4 和 S4C(Sianel Pedwar Cymru)等。

进入 21 世纪,新技术革命引发了全球广播电视业的深刻变革,如何适应数字化成为 BBC 在新时代面临的挑战。2005 年 3 月,英国文化、媒介和体育大臣特萨·乔威尔(Tessa Jowell)颁布了题为"BBC 皇家管理宪章分析——一个独立于政府的强大的 BBC"绿皮书,明确规定了 BBC 帮助建立数字英国的任务。

而根据 2007 年"皇家宪章"的规定,BBC 的公共服务理念体现为六项公共目标:一是维护公民权利和公民社会,即 BBC 提供高质量的新闻、时事及事实性节目,并注重重大新闻事件和政治议题的报道;二是促进教育和学习,即 BBC 支持正式的学院教育及非正式的知识和技能的培养;三是鼓励创新和文化进步,即 BBC 激励英国文化、创意和体育活动的广泛兴趣、关注和参与;四是全面反映英国及其所有民族、区域社区,即 BBC 的观众、听众及用户可以利用 BBC 反映英国的区域变化;五是把英国带给世界,把世界带给英国,即 BBC 支持国际议题的全球化理解,拓展 BBC 受众对不同文化的理解;六是帮助公众从传播、技术和服务发展中获益,即 BBC 帮助英国居民最大限度地从媒介技术的现在和未来发展中获益。可见,新时期的公共服务除继续保持原有的高质量、广泛性和多样化外,还增加了数字化方面的内容。

由此看来,BBC 的公共服务并不是一成不变的,在不同的历史情境下,它由不同的内容构成,但其核心理念是基本一致的。国内学者将其归纳为:一是从服务范围和宗旨上而言的普世性;二是治理模式和组织结构上的独立性,以免受商业和政治权力的左右;三是服务提供上的高质量化,不是迎合受众或公民的需求,而是提供精英阶层认为是无害而有价值的内容和服务。[①] 比较简单的解释是,倾向于为公共利益服务,而非关注商业利益的广播电视服务宗旨。

---

① 胡正荣、李继东:《广播电视公共服务、政治理念与社会实践》,《中国媒体发展研究报告》2007 年第 00 期。

## 第三节 CCTV 和 BBC 的传媒体制比较

### 一、CCTV 具有中国特色的国有广播体制

一般认为,世界上主要有三种传媒体制:以美国为代表的商业体制、以英国为代表的公共体制和以前苏联为代表的国有体制。由于历史原因以及独特的社会发展和新闻实践,我国建立了以 CCTV 为代表的具有中国特色的国有广播体制。随着时代的发展,尤其是在改革开放后,市场经济制度逐步建立和完善的背景下,我国的广电体制虽历经了数次改革,但国有性质却一直是不变的前提。

(一) CCTV 的产权性质

十一届三中全会前,CCTV 被赋予了较强的政治含义,"只有政治、文化属性、宣传喉舌功能,没有经济属性、产业功能"。[①] 从产权性质上来说,它属于国家。即便是在 2001 年,CCTV 进行产业化改革,联合多家中央级广电媒体组建了中国最大的新闻传媒集团——中国广播电影电视集团,该集团仍被国家广电总局明确为"国有独资"性质。

从表面上看,CCTV 无论是性质还是产权关系都很清晰,但"由于没有明晰的最终委托人对国有产权负责,更没有清晰的所有权、支配权、使用权与剩余索取权的界定与划分,实际上我国广播电视的国有产权处于虚置状态"。[②] 也就是说,目前并没有建立一种类似委托代理的关系对 CCTV 的这种国有产权性质负责,同时"产权的得失完全是由政府决定的,所有权与经营权无法分离,其收益权与处置权不归企业或经营主体,而是归政府",[③] 因此,从这种意义上来看,其

---

[①] 刘习良主编:《中国电视史》,中国广播电视出版社 2007 年版,第 137 页。
[②] 刘成付:《中国广电传媒体制创新》,南方日报出版社 2007 年版,绪言。
[③] 李继东:《英国公共广播政策变迁与问题研究》,中国传媒大学出版社 2007 年版,第 130 页。

产权属性有着明显的政府主导的色彩。

(二)CCTV 的组织结构

CCTV 是国家新闻出版广电总局的直属机构,现为国家副部级事业单位。CCTV 分党组是其决策部门,受国家新闻出版广电总局领导,所做决策须经国家新闻出版广电总局党组批准。这体现了中国广电体制下"官办媒体、党管媒体"的鲜明特色。

CCTV 内设 16 个副局级中心(室),包括办公室、总编室、人事办公室、财经办公室、机关党委、新闻节目中心、海外节目中心、社教节目中心、文艺节目中心、广告经济信息中心、体育节目中心、青少节目中心、网络传播中心、技术管理办公室、技术制作中心、播出传送中心;有 3 个直属处级单位,包括监察室、审计处、中国电视报社;以及新台址建设工程办公室(临时机构)。① 同时,还建立了海外传播发展中心、大型节目制作中心、广告经营管理中心和发展研究中心 4 个资源管理中心。

目前,CCTV 的直属单位均为企业性质,经营范围涉及节目版权销售、影视出版发行、纪录片生产、动画制作、电视剧创作、数字化以及音乐演出等多个领域,形成了较为多元化的产业格局和资金收入模式。CCTV 下属机构还包括中国电视剧制作中心、中央新闻纪录电影制片厂、北京科学教育电影制片厂、中国国际电视总公司、中央卫星电视传播中心、中央数字电视传媒有限公司、中视传媒股份有限公司、央视国际网络有限公司、央视动画有限公司和中国爱乐乐团等。此外,还拥有《中国电视报》《电视研究》和《现代电视技术》等报纸和刊物,以及国内最大的广播影视音像资料馆(与广电总局共建)。

总的来看,CCTV 的内部组织结构是按照类似行政管理的模式组织起来的,"它是高度集中的庞大的科层制官僚组织结构,这更像国家行政机关结构,是公共权力行使者,而不是现代媒介组织体制。这种体制管理层次多,部门多,效率

---

① 国家新闻出版广电总局官网:http://www.sarft.gov.cn/articles/2007/06/01/200709041036 18730219. html。

低下,从台长、中心、部,到栏目组、编辑记者共有 6—7 层,因人设事,因人设部门"。① 这是中国电视媒体"喉舌"性质在组织架构上的直接反映,体现了党和政府对媒体高度集中和统一管理的特点,有利于党和政府意志的贯彻与执行以及媒体自身政治属性和宣传功能的实现;但缺点是按照行政部门而非现代企业的方式进行管理,不利于媒介组织内部资源的合理调配,同时不利于市场经济环境下的运作和全球化条件下的发展。

(三)CCTV 的二元运作模式:事业单位、企业化管理

改革开放前,在单一的计划经济条件下,CCTV 被列入国家财政拨款的事业单位行列。事业单位是指国家为了社会公益目的,由国家机关举办或其他组织利用国有资产举办的,从事教育、科技、文化、卫生等活动的社会服务组织。作为事业单位,CCTV 享受国家全额拨款,但不得播出广告及从事任何市场经营活动。社会效益的高低,就是其全部活动优劣的唯一衡量标准。

改革开放后,无论是业界还是学界都开始认识到广电媒体的双重属性,即政治属性和经济属性(或者说事业属性和产业属性),以及其相应所具备的宣传功能和产业功能,产生的社会效益与经济效益。随着观念的转变以及市场经济条件的成熟,政策层面开始发出调整信号。1983 年,第十一次全国广播电视工作会议提出"广开财源,提高经济效益"的方针;1987 年,国家科委首次将"新闻事业"纳入"中国信息商品化产业"序列;1993 年,党中央和国务院发布《加快发展第三产业的决定》,明确把"广播电视"归到第三产业范畴;1999 年,国务院发文确定广播电视的产业性质和走集团化道路的策略;党的"十六大"提出改革文化体制、发展社会主义文化产业的任务,广播电视被列为文化产业的重要组成部分。

与此同时,国家开始减少对广电的财政拨款,1998 年九届人大第一次会议确定三年后广电完全实现自收自支。"而实际上财政拨款到 2001 年占总额的

---

① 胡正荣:《媒介寻租、产业整合与媒介资本化过程——对我国媒介制度变迁的分析》,《媒介研究》2004 年第 1 期。

12%，计57.4亿元，2003年为73.7亿元，占13%"。① 虽然这一目标至今仍没有完全实现，但已成为广电改革的方向之一。

目前，CCTV实行"事业单位、企业化管理"的二元运作模式，其实质是"在不触动广电传媒事业性质和基本结构的前提下，引进企业的经营管理模式，比如引入企业激励和竞争机制，进行用人制度、分配制度、经营创收、财务管理制度等方面的改革等"。②

这种二元运作模式源自1978年，人民日报社等8家新闻媒体被批准实施以"企业经营、独立核算、盈余留用"等为原则的经营方针。1979年，作为企业化管理的试点单位，CCTV开始实行事业产业并举的二元运作模式。试点当年，中国电视服务公司成立，并成为创收窗口。同年4月，因参与第一部涉外合拍片，赚取了由日本汇入的第一笔外汇收入。20世纪80年代中期，"事业单位、企业化管理"模式开始推及全国。"这种体制下的媒介既要完成现行政治结构所要求完成的意识形态宣传任务，又要通过广告等市场经营收入支撑媒介的再生产。简言之，用国家所有制赋予的政治优势在市场上获取经济收入，又用市场上赚取的经济收入完成意识形态领域需要完成的政治任务。"③

1984年，CCTV在全国率先实行财务预算包干改革，在办好电视节目、提高节目质量的前提下，扩大其自主权，实行经费包干。自2001年起至今，CCTV持续实行"核定收支、比例上交、超支不补、结余留用"的预算管理办法。具体表现为：电视台广告收入按预算外资金管理，免缴所得税；每年按照实际收入（不含财政补助收入、上级补助收入和营业税及附加）的13%上缴广电总局（从广告收入中上缴），统筹用于广播电视事业发展；为调动职工积极性，可按全年实际收入减赞助收入后的3%和6%分别提取职工奖励资金和职工福利基金。

早在1979年年底，CCTV就同时在两套节目上播出商业广告，这标志着其开始从财政拨款之外的渠道获取收入。1995年，CCTV推行广告招标模式，当

---

① 国家广播电影电视总局计财司编：《广播电影电视事业统计资料》，2001年—2003年。
② 刘成付：《中国广电传媒体制创新》，南方日报出版社2007年版，第28页。
③ 胡正荣：《媒介寻租、产业整合与媒介资本化过程——对我国媒介制度变迁的分析》，《媒介研究》2004年第1期。

年的广告收入达 20 亿元,比 1994 年翻了一番。之后,广告收入逐年增多,最终取代财政拨款成为最重要的收入来源。2013 年,其广告招标预售额已达 158.81 亿元,同比增长 11.39%。①

20 世纪末,中国广播电视产业化改革走向高潮,从 1999 年成立第一家广播电视集团起,中国广电事业就呈现出集团化的发展趋势。2001 年年底,CCTV 联合中央人民广播电台、中国国际广播电台等多家广电媒体,挂牌成立中国广播电影电视集团,"事业单位、企业化管理"的二元运作模式被推向一个新的高度。

然而,其内在矛盾也开始凸显,"广播电视在我国历来都被看作党、国家和人民的喉舌,这一性质决定了广电集团不能作为企业性质的集团,因为集团性质变化之后,如何保证喉舌性质不变,这一问题无论从理论上还是实践上都还没有得到很好的解决"。② 在这种情况下,2004 年年底,历经六年的广电集团化改革被叫停,国家广电总局以"作为喉舌性质的电台、电视台组成的事业性质的广电集团,容易与社会上一般理解的产业集团的概念相混淆"为由,不再批准组建事业性质的广电集团,但允许组建事业性质的广播电视总台。

(四)CCTV 的管理改革:从节目中心制到频道制

频道制也称频道总监制,是以频道为单元,对频道内的栏目设置、人力资源使用、经费使用、报酬分配等实施管理的现代广电媒体管理模式。和频道制相对应的是中国电视业在 20 世纪 80 年代以前普遍实行的节目中心制。所谓"节目中心制"是指根据工作性质或岗位分工等,在电视台之下分设若干个统一管理的中心,由中心分别管理全台节目、人事、技术、广告和财务等各项工作的一种电视管理体制模式。

由节目中心制向频道制转变的同时,管理责任主体、管理层级和管理职能等也相应地发生变化:管理责任主体由传统的"中心—部门—科组(栏目)"三

---

① 白田田:《经济参考报》,2012 年 11 月 19 日,http://news.qq.com/a/20121119/000021.htm。
② 刘成付:《中国广电传媒体制创新》,南方日报出版社 2007 年版,第 118 页。

级责任主体,转变为"频道—栏目"两级责任主体;管理层级从原来的"中心—部门—科组—栏目"四个层级,转变为"频道—栏目"两个层级;管理职位上,将中心主任转变为频道总监,中心副主任与部门主任合二为一,转变为频道副总监,部门副主任转为频道总监助理,同时将原来部门的管理职能和管理手段剥离,取消部门建制,从而减少了两个层次的管理职位。

总的来看,CCTV的频道制改革大致分三个阶段:

第一阶段:1998年年底,CCTV以"频道专业化、栏目个性化、节目精品化"为内容的发展战略的提出,被认为是频道制改革的序曲。2000年9月,因CCTV-9成立之初就实行全新的频道制这一管理模式,从而成为第一个改革试点频道。2004年,CCTV-2启动频道制改革,"撤销了经济部、信息部建制,原两部门栏目以'合并同类项原则'组建资讯、财经、服务、专题、特别工作室,淡化了行政级别,构建频道总监、工作室主任、制片人三级组织管理机构,后来又撤销了工作室,由频道直接面对栏目管理"。① 从整个电视台的管理层面来看,CCTV-2的改革大大缩减了管理层级和路径,节约了一定的管理成本。

第二阶段:从2005年起,CCTV开始实施"频道品牌化"战略,出台了《中央电视台频道制改革方案》,并制定了与之配套的《中央电视台频道考察评估方案》,全面推进频道制改革。这个阶段的焦点集中在"两个转变,两个指标"的管理机制变革上。其中,"两个转变"指由节目中心制管理向频道制管理转变,由频道专业化向频道品牌化转变;"两个指标"指每个频道的考核评估将包含收视份额和广告创收两个指标,各频道不仅要在节目收视上达到指标要求,还要在创收和经济收益上有所突破。

第三阶段:2010年8月,CCTV在全台范围内正式推行频道制,建立"以节目生产为中心,以增强市场竞争力、提升频道品牌价值为目标"的管理模式,明确频道为第一责任主体,频道总监为第一责任人,取消除新闻中心外原有的所

---

① 罗琴:《论中央电视台品牌战略的制度基础》,《现代传播》2007年第2期。

有节目中心。具体的改革措施包括①:

一是合理规划频道管理模式布局。将当时已有的 16 个开路频道分为两种不同的管理模式:首先,将第 1、2、3、4、5、8、10、12 套及少儿频道、戏曲频道和音乐频道共 11 个频道设立为独立的单频道管理责任主体,实施台编委会领导下的频道总监制;其次,设立外语频道,由新闻中心负责管理,各语种频道在中心管理架构下实行频道总监负责制,确立外语频道集群管理主体。通过改革,原新闻中心整合了广告经营管理中心的经济新闻、海外中心的国际新闻、文艺中心的文艺新闻、社会教育节目中心的社会新闻等,同时将英语、西班牙语、法语、阿拉伯语、俄语等国际频道整体划入,初步形成了大编辑部的运作格局。

二是加强对重点资源的整合利用。新建海外传播发展中心、大型节目制作中心、广告经营管理中心和发展研究中心 4 个资源管理中心,对全台资源进行整合和有效管理。其中,海外传播发展中心充分整合利用国内外各种资源,建立海外品牌推广体系,通过举办大型推广活动等形式,提高 CCTV 品牌的海外接触率和知名度,进一步扩大 CCTV 在海内外的覆盖面和影响力;大型节目制作中心统一对重点节庆和重大宣传报道活动资源进行合理调度,确保 CCTV 整体利益的最大化;广告经营管理中心研究 CCTV 广告的发展战略与经营策略,策划实施公关传播与市场推广活动,建立 CCTV 广告的产品体系、价格体系、客户体系和渠道体系,并负责各频道广告的播出;发展研究中心以战略研究为核心,针对 CCTV 的发展实际,发挥前瞻性、战略性、实效性的作用,为全台事业产业发展,为台分党组、编委会提供参谋和咨询服务。

三是调整全台节目系统管理结构。在全台节目系统设立 17 个管理主体,其中,新闻中心负责新闻频道的新闻采集、编排、管理,负责给各频道提供新闻素材。而总编室在台编委会领导下,负责全台的宣传管理和协调。

四是实施领导干部公开竞争上岗制度。继续在全台深化干部人事制度改

---

① 参考《中央电视台:新一轮频道制改革》,国家广播电影电视总局广播影视发展研究中心:http://www.sarftrc.cn/templates/T_content/index.aspx? nodeid = 74&page = ContentPage& contentid = 522。

革,创新干部选拔任用制度,开展分层次竞争上岗,打造适合人才和事业发展的环境。

(五)CCTV 的外部监管机制

从整体上看,中国广电事业格局是与行政区划的设置相对应的,这一格局至今没有改变。其基本架构是在中央设置广播电视的最高管理机构,其下按照行政区划分级设立地方广电管理机构,这是"凸显广播电视政治属性、意识形态属性的结果,与中国的行政区划和高度集中的行政管理制度是相适应的"。[①] 发展至今,中国广电格局经历了从"两级办"到"四级办",再到目前的"两级管,三级办"的不断调整的过程。所谓"两级管,三级办",就是在中央和省(区、市)设两级管理体制,从事业格局上,允许中央、省、市三个级别发展电视事业。

鉴于中国电视媒体特殊的"喉舌"定位,我国的广电事业主要采取党管媒体的原则,其监管机制可以用十六个字来概括:"'条块结合,以块为主,双重领导,分级管理。'所谓'条'指的是各级广播电视管理机构,主要是指各级广播电视局;所谓'块'是指各级广播电台和电视台等播出机构所在的当地党政部门。双重领导,指的是各级广电机构既受上级广电部门领导,同时又受同级党委和行政部门的双重领导。实际上是双重领导,多头管理。"[②] 按照1983年第十一届全国广播电视工作会议的明确规定,各级广电机构实行上级广播电视部门和同级党委、政府双重领导,以同级党委、政府领导为主,这也就是通常所说的"条块结合,以块为主"。在具体的管理方式上,以行政手段为主,经济手段和法律手段比较欠缺。1997年8月,国务院第228号令发布的《广播电视管理条例》即是现行国内具有最高法律效力的广播电视管理法规。

具体到CCTV,作为国家级电视台,主要接受中共中央宣传部和国家新闻出版广电总局的监管。其中,中共中央宣传部是中央直属机构,也是主管意识形态方面工作的综合职能部门,"受党中央委托,协同中央组织部管理文化部、新

---

[①] 刘成付:《中国广电传媒体制创新》,南方日报出版社2007年版,第9页。
[②] 同上,第14页。

闻出版署、中国社会科学院的领导干部,会同中央组织部管理人民日报社、广播电影电视总局、新华社等新闻单位""负责引导社会舆论,指导、协调中央各新闻单位的工作;负责从宏观上指导精神产品的生产;负责提出宣传思想文化事业发展的指导方针,指导宣传文化系统制定政策、法规,按照党中央的统一工作部署,协调宣传文化系统各部门之间的关系"等。[①] 而国家新闻出版广电总局是国务院直属机构,涉及广电事业的主要职能包括:负责拟订新闻出版广播影视宣传的方针政策,把握正确的舆论导向和创作导向;负责起草新闻出版广播影视和著作权管理的法律法规草案,制定部门规章、政策、行业标准并组织实施和监督检查;负责制定新闻出版广播影视领域事业发展政策和规划,组织实施重大公益工程和公益活动,扶助老少边穷地区新闻出版广播影视建设和发展;负责统筹规划新闻出版广播影视产业发展,制定发展规划、产业政策并组织实施,推进新闻出版广播影视领域的体制机制改革。依法负责新闻出版广播影视统计工作。[②]

由此可见,CCTV 的主管上级机构是国家新闻出版广电总局,而国家新闻出版广电总局虽然隶属于国务院,但又接受中共中央宣传部的指导和管理,这充分体现了中国广电事业党管宣传的原则。这一原则可具体表述为,广播电视的管理在党中央的统一领导下进行,各级党委负责广电机构宣传工作的直接领导。

## 二、BBC 的公共广播体制

在"公共服务"理念下,BBC 创建了独特的公共广播体制,并成为西方广播电视双轨制的源头。当然,随着信息传播技术、全球化以及自由主义思潮的不断发展,BBC 的传媒体制也在不断被赋予新的时代特征。

---

① 《人民日报》官网:http://cpc.people.com.cn/GB/64114/75332/5230610.html。
② 国家新闻出版广电总局官网:http://www.sarft.gov.cn/catalogs/zjjg/index.html。

(一) BBC 的产权性质

根据"皇家宪章"(Royal Charter)的规定,BBC 的产权属于全体英国公民,在这个基础上,享有自主经营权以及保持业务运作的独立性。确保 BBC 基本产权性质的法律文件主要有两个:一是"皇家宪章";二是政府有关部门在"皇家宪章"发出后,与 BBC 签订的执照协议(Agreement between the BBC and the Government)。

"皇家宪章"一般每十年颁发一次,目前施行的是 2006 年颁发的,自 2007 年 1 月生效,有效期至 2016 年年底。"皇家宪章"详细规定了 BBC 经营的目标、经营范围、组织机构等,是确定发展战略和服务项目的基本依据;而执照协议则是对其公共广播身份以及相关权利义务的再确认。也就是说,在英国,"公民通过'皇家宪章'和执照协议委托 BBC 经营公共资源和提供广播电视产品与服务,从法理上讲,这暗含着双重契约关系,皇家与政府是全体公民的代理人,而 BBC 又是受政府的委托为公共利益服务。"[①]这种安排不仅确保了 BBC 最大限度地为公共利益服务,同时对其运作的独立性予以法律保障。"公共性"和"独立性"成为 BBC 制度设计的两大显著特点。

(二) BBC 的组织结构

长久以来,BBC 的组织结构被称为"理事会模式",即由理事会(Board of Governors)及其下设的执行委员会(Executive Board)组成统一的管理机构。

理事会的性质为公共利益的受托人,"由 12 个不同背景和职业的个人组成,他们负责高层管理人员的任命,并负责决定主要职位的报酬和审计工作","它同时具有两方面的职责:一方面,它要确保 BBC 的自治;另一方面,它要确保 BBC 的产品服务于公众,并对观众和听众负责"。[②] 也就是说,理事会既要保

---

① 李继东:《英国公共广播政策变迁与问题研究》,中国传媒大学出版社 2007 年版,第 82 页。
② 〔英〕露西·金-尚克尔曼:《透视 BBC 与 CNN:媒介组织管理》,彭泰权译,清华大学出版社 2004 年版,第 104 页。

障 BBC 的独立性,使其免受政府的直接干预,又要防止它滥用权力,确保公共服务职责。作为最高权力机构,理事会对公司行使管理和监督权,从而形成了一套有别于其他商业电视机构的独立监管体系。而作为理事会的具体执行机构——执行委员会负责日常的管理和运营,接受理事会监督,但其工作保持相对的独立性。

然而,受"凯利事件"[①]牵连,2007 年,运行了长达 78 年之久的理事会制度被宣布取消,由新成立的"BBC 信托委员会"(BBC Trust)及其执行委员会取而代之。

BBC 信托委员会的具体职责包括:(1)规划制定 BBC 的总体发展战略,确保 BBC 履行其告知、教育、提供娱乐的使命,实现其六大公共目标;(2)批准有关 BBC 面向英国国内和海外受众提供服务的高级战略和所需经费预算,确保 BBC 处于为公众提供新服务的前沿,鼓励媒介市场中的选择与创新;(3)评估 BBC 执行委员会的作为,督促其管理层充分利用手中资源,实现高质量、高效率、物有所值并满足受众的目标;(4)监督 BBC 记者遵守支撑媒体公信力的准确与客观的最高标准;(5)促进 BBC 在世界范围内提高其声誉与价值。[②] 比较来看,BBC 信托委员会的职能与理事会并无本质区别,这次改革从表面上看是 BBC 有史以来最大的结构性改革,但实际上却基本保留了其原有体系。

目前,BBC 主要设有以下部门:在管理层之下,其业务部门包括电视中心、广播中心、新闻中心、数字战略中心和北方中心等;商业公司包括 BBC 环球等,其中,BBCWN 从 BBC 环球分离出来,隶属于新闻中心下属的 BBC 全球新闻 (BBC Global News)(见表 2-2)。

---

① 2003 年 5 月 29 日,BBC 防务记者吉利根援引一名英国情报官员的话说,布莱尔政府为了发动对伊战争,授意在 2002 年 9 月发表的伊拉克大规模杀伤性武器报告中添加了萨达姆有能力在 45 分钟内发动生化武器袭击的情报。报道播出后在英国引起轩然大波,吉利根的消息来源——曾长期参与联合国对伊武器核查工作的凯利在自己的名字被公开并接受英议会有关委员会公开质询之后不久割腕自杀。

② 胡正荣、关娟娟主编:《世界主要媒体的国际传播战略》,中国传媒大学出版社 2011 年版,第 18 页。

表2-2 BBC的主要组织结构①

| BBC管理层 ||
|---|---|
| BBC信托委员会(BBC Trust) | 负责制定发展战略,代表执照费付款人利益,监管执行委员会工作 |
| 执行委员会(Executive Board) | 负责BBC服务的运营和管理,完成BBC信托委员会制定的全部战略 |
| 管理委员会(Management Board) | 负责泛BBC事务的管理 |
| BBC的业务部门 ||
| 电视中心(Television) | 负责BBC所有电视频道内容的委任、生产和编播工作 |
| 广播中心(Radio) | 负责BBC的国内广播网和大部分广播电视经典和流行音乐的生产 |
| 新闻中心(News Group) | 包括BBC News、English Regions和BBC Global News等部门,负责BBC的新闻、时事和体育节目生产 |
| BBC的业务部门 ||
| 数字战略中心(Strategy and Digital) | 负责BBC的数字服务和发展战略 |
| 北方中心(BBC North) | 负责BBC体育、儿童以及五台的直播节目等 |
| 媒体监测(Media Regulators) | 负责广播和创意产业 |
| BBC的商业公司 ||
| BBC环球公司(BBC Worldwide) | 支持BBC公共服务使命并最大限度地赢利 |
| BBC演播室和后期制作公司(BBC Studios and Post Production) | 和媒体公司合作为ITV、Channel 4、Sky以及BBC等多种平台生产各种类型的益智(award-winning)内容的节目 |
| BBC全球新闻有限公司(BBC Global News Ltd) | 监督BBCWN和bbc.com的商业运营,并对BBC的国际新闻业务进行再投资 |

(三)BBC的公营商营双轨运作模式

1926年年底,BBC改制为公营公司,在很长一段时间里保持着"垄断""执照费模式"和"独立的公共管理机构"三大基本原则。② 然而,随着频谱稀缺时代的结束,全球化加速放松传媒管制的趋势使它不可避免地面临着一场变革。

---

① BBC官网:http://www.bbc.co.uk/aboutthebbc/insidethebbc/managementstructure/bbcstructure/。
② Paulu Burton, *British Broadcasting: Radio and Television in the United Kingdom*, Minneapolis: University of Minnesota Press, 1956, p.12.

变革的结果是,保住了公共广播传统和执照费收费模式,但垄断被打破了。

由此,BBC面临一个新的公共、商业性公共和纯商业性广播机构混合竞争的局面,BBC改革资金来源模式的计划被提上了日程。1994年,英国国家遗产部发布白皮书,鼓励BBC在海内外拓展商业运作业务,通过销售自己的节目内容来增加资金收入。当年,BBC环球改组成立,下设环球电视公司(BBC Worldwide Television)、环球出版公司(BBC Worldwide Publishing)和环球服务公司(BBC Worldwide Service),统一负责所有的国际频道业务以及相关的商业运营活动。1996年,"皇家宪章"第一次明文同意BBC参与商业竞争,发展商业活动和提供服务,宪章"支持BBC在全球进行商业扩张,尤其是国际电视业务,以扩大英国在世界上的影响"。自此,BBC的商营部分被大大强化并确立下来,从而基本形成了一种国内业务公营、国际业务商营的公商并举的运作模式。

在该模式下,BBC的资金来源也由单一的执照费收入,拓展为以执照费为主体的多元化资金收入模式。虽然法律禁止其在提供公共服务时插播广告,但允许在国际频道中播出广告,同时利用其有形和无形的资产开展各种节目、音像制品及其相关书籍的销售,而将向社会有偿提供技术支持和演播室租赁等服务所获收入作为公共运营资金的补偿。

为了避免商业活动和公共服务产生矛盾,BBC严格规定商业活动必须和公共服务的价值及目标联系在一起,并且不得使用公共资金,"BBC努力以一种良性循环的方式把商业活动和公共活动联系在一起,使两者都能受益。商业收入将会被投入国内服务以提高公共服务的质量,BBC的国际商业服务将会在全球充分利用这种提升后的节目资产"。[①]

总的来看,BBC的收入来源包括执照费、政府拨款和商业收入三部分,但近年来政府减少了对它的资助。2010年,政府大幅削减公共开支,外交部宣布取消对"BBC世界服务"的资助,主要涉及国际广播服务和后来开办的阿拉伯语、波斯语两个国际电视频道,其运营费将从执照费中予以支付。

---

① 〔英〕露西·金-尚克尔曼:《透视BBC与CNN:媒介组织管理》,彭泰权译,清华大学出版社2004年版,第113页。

根据 BBC 2012—2013 年财年年报,BBC 的总收入为 5,102 百万英镑,其中,执照费收入 3,656 百万英镑,占总收入的 70% 以上,其他商业收入(主要来自 BBC 环球)及政府对"BBC 世界服务"的拨款总计 1,446 百万英镑。BBC 环球公司的毛收入为 1,115.8 百万英镑,其中,156.3 百万英镑上缴 BBC 用作公共服务资金,占其收入的 14%。[①] 可见,目前 BBC 的收入有近三分之一来自商业运营,商业运营的部分收入被用来反哺其公共服务项目。

(四)BBC 的管理改革:由节目制作人主导转为管理者主导

作为专享执照费收入的公共广播机构,BBC 的特殊地位曾一度遭到强烈质疑。在 20 世纪 80 年代的自由市场化风潮中,因被批评为"冗员过多、保护过度、过于官僚主义""公共服务的理念是那些效率低下的自我服务群体为了避免遭到竞争、保护自己的既得利益而编造出来的借口",[②]而面临着严峻的存废危机。

此外,BBC 内部的管理问题也日趋凸显。过去,它实行的是管理部门和节目部门完全分离的制度,节目制作人被赋予了很大的节目创作空间,地位远远高于管理人员,从而在 BBC 内部形成一种"只有制作节目才是体面工作"的风气。[③] 虽然节目至上有利于制作出更多具有个性化的、高质量的节目,但缺点是不计成本、效率低下且资源浪费严重,这种状况一直延续至 20 世纪 70 年代末。

到 20 世纪 80 年代,BBC 开始遭遇严重的财政紧缩问题。再加上,1990 年广电法要求它必须把外包给其他独立制作公司的节目比例逐步提高到 25%,在这种种压力之下,制定一套强有力的机构改革和重组的方案迫在眉睫,而新管理主义在当时被看作是非常合适的理论。新管理主义旨在强化管理者角色,"以一种对生产过程效率的合理性考虑,取代过去或许还涉及的合法性的分配

---

① BBC 官网:http://downloads.bbc.co.uk/annualreport/pdf/2012-13/bbc-full-financial-statements-2012-13.pdf。
② 〔英〕詹姆斯·卡瑞、珍·辛顿:《英国新闻史》,栾轶玫译,清华大学出版社 2005 年版,第 174 页。
③ 同上,第 184 页。

问题"。①

在这种内困外忧的情况之下,在 1987 年上任的总裁迈克尔·切克兰(Michael Checkland)和 1991 年上任的总裁约翰·伯特(John Birt)领导下,BBC 开展了一场深入而全面的管理改革。这次改革在一定程度上缓解了外界的种种责难,并为后续的机构再调整积累了经验。更重要的是,它使公司的成本开支得到了大幅削减,机构变得更为精简,成本意识也更强了。

综观 BBC 这场源自 20 世纪 80 年代的管理改革,其主要内容包括:

一是提高管理者地位,由原来的以节目制作者为主导,转变为以管理人员为主导的新型权力结构,从而加强了内部的组织和管理。

二是成立电视资源研究院,专门负责研究内部的人力、物力等各种资源的使用情况,以避免不必要的浪费。

三是于 1993 年全面推行"制片人的选择"计划(Producer's Choice),引入市场机制,由制片人对节目预算进行统筹安排和独立核算,鼓励制片人以尽可能低的价格购买节目,但不允许越过公司直接对外兜售节目。

四是于 1996 年引入"制播分离"概念,并于次年推广,成立专门负责节目生产的"制片董事会"、负责节目委托和编播的"广播董事会"和负责管理独立公司节目委托和购买的"独立公司委托小组"。② 各部门之间分权并列,实行独立管理,但在业务上互相合作,从而使节目的制作与播出环节完全分离。这三个部门后由 1999 年新任总裁雷格·戴克(Grey Dyke)废除,"少儿部、体育部和教育部的节目重新恢复制播合一,而电视剧和娱乐节目两个重要部门则保留制播分离"。③ 这项措施在保障降低节目外购比例、节约生产成本的前提下,重新将具有重要社会意义的节目生产权收回,有助于强化 BBC 的公共服务定位。

---

① 〔英〕詹姆斯·卡瑞、珍·辛顿:《英国新闻史》,栾轶玫译,清华大学出版社 2005 年版,第 185 页。
② 这三个部门后由 1999 年新任总裁雷格·戴克(Grey Dyke)废除,少儿部、体育部和教育部的节目重新恢复制播合一,而电视剧和娱乐节目两个重要部门则继续保留制播分离。这项措施在保障降低节目外购比例、节约生产成本的前提下,重新将具有重要社会意义的节目生产权收回,有助于强化 BBC 的公共服务定位。
③ 张咏华、何勇、郝进平、曾海芳:《西欧主要国家的传媒政策及转型》,上海人民出版社 2010 年版,第 150 页。

五是精简机构,减少层级,将组织机构的扁平化发展作为改革重点。戴克上任后,废除了原来的两层模式,将执行委员会作为唯一的执行机构,并把节目制作部代表也列入执行机构中,这样台长可以在执行委员会的会议上直接听取节目部和核心管理部门的汇报,进一步提高了管理效率。①

六是进行资源整合和重组,2002 年 BBC 将所有的国际广播电视资源进行整合,合并 BBC 世界服务、BBC 世界频道和英国广播在线的对外部分,重组为全球新闻部门,但仍由 BBC 新闻中心采集新闻并提供英语新闻和时事节目。2005 年,在新一轮改革中成立了新闻委员会,首次把所有的地区性、国内和国际新闻节目进行统一管理。

### (五) BBC 的外部监管机制

"公共性"与"独立性"是 BBC 制度设计的两个要点,如前文所述,公共性是其享有执照费收入的前提,而独立性则是新闻业赖以生存的基础。然而,独立并不意味着不需要监管,虽然从本质上来说,BBC 实行由信托委员会主导的自我监管制度,但政府仍采取措施,通过一些外部监管机制对它实行间接控制,重点在于保障其公共性与独立性的平衡。具体的做法包括:

首先,从法律基础上对 BBC 的公共性与独立性予以确认和约束。

通过与皇室签订"皇家宪章",确保 BBC 独立于政府的特殊身份。"特许状是皇家的特权,因此无需在国会进行质询讨论""其决策委员会也就等于是英皇所任命……他们也就无需以一般的政治考虑来衡量其工作……其中的决策委员可以在实际运作时,真正为'全民所托付',来规划广播系统的使用"。② "皇家宪章"对 BBC 的公共服务、独立性以及执照费的收费模式等给予法律确认。但同时,法律本身也是一种来自政府对它最有力的约束,"通过'皇家宪章'以及授予执照,政府对 BBC 有很大的控制权。政府确定执照费,规定 BBC 的活动范

---

① 胡正荣、关娟娟主编:《世界主要媒体的国际传播战略》,中国传媒大学出版社 2011 年版,第 15 页。
② 〔英〕查尔斯·柯伦:《统理 BBC:英国播协会的蜕变历程》,冯建三译,台湾远流出版社 1992 年版,第 45 页。注:引文中"特许状"即本文的"皇家宪章","决策委员会"即本文的"执行委员会"。

围,决定是否给予 BBC 额外的资金补助以及补助的金额,决定 BBC 在多大程度上可以从事商业活动,指定 BBC 的董事会成员"。①

其次,成立独立委员会对 BBC 进行审查并发布报告,实施间接控制。

如前文所述,"皇家宪章"并非永久契约,一般十年一签。政府再依据"皇家宪章",与其签订执照协议。每当"皇家宪章"和执照协议即将到期时,政府就以任命独立委员会的形式,对 BBC 进行审核并发布报告,作为续签"皇家宪章"与执照协议的参考。

历史上,独立委员会发布的报告往往对英国的广播政策产生较大影响。例如,早期最具代表性的是克劳福德委员会,在其报告的基础上,BBC 改组为公营公司并获得"皇家宪章"。"克劳福德报告不仅确立了 BBC 公共广电公司的地位、'皇家宪章'和执照收入模式,同时也促使了英国广播业的基本结构模式的形成,即是垄断、执照费模式和独立的公共管理机构"。② 而 1962 年的皮金顿报告仍然基于公共服务传统,认为"BBC 英国广电业的主体,其收入来源必须也只能是执照费,而且应增加电视频道和拓展地方广播"。③ 该报告后被政府出台的电视法案采纳,从而开始强化 ITV 的公共服务职责。20 世纪 80 年代,撒切尔政府本着"摧毁"BBC 的意图,任命倾向于政府的皮考克委员会。然而经过一年多的调研,皮考克报告得出的结论却认可了 BBC 的公共服务实践,建议对现存公共广播格局以及 BBC 赖以生存的资金收入模式及治理模式予以保留。

对 BBC 造成最不利影响的当属 2004 年的赫顿报告。在 2003 年彭斯委员会对新一轮"皇家宪章"审核期间,政府因"凯利事件"委任赫顿进行调查。赫顿报告得出了一系列负面结论:BBC 记者吉利根指称政府在有关伊拉克武器的情报文件中"添油加醋"是"没有根据的";"BBC 高层对吉利根报道的审查是有问题的,英国政府在公布凯利的名字上没有'阴险行径'"……这促使彭斯委员

---

① 〔英〕露西·金-尚克尔曼:《透视 BBC 与 CNN:媒介组织管理》,彭泰权译,清华大学出版社 2004 年版,第 102 页。
② 李继东:《英国公共广播政策变迁与问题研究》,中国传媒大学出版社 2007 年版,第 36 页。
③ 李继东:《英国公共广播政策变迁与问题研究》,中国传媒大学出版社 2007 年版,第 40 页。

会决定改革 BBC 的治理模式,"应当进行结构上的彻底调整,废止现在的理事会,建立一个公共广播委员会来专门监督和规制 BBC"。① 虽然最终,BBC 基本保住了现有格局及治理模式,但付出了理事会主席与总裁双双辞职、理事会被改组为 BBC 信托委员会等代价。

上述事例表明,通过任命独立委员会,政府在一定程度上对 BBC 实施了控制,但这种控制是间接的,焦点在于监督它的公共服务职责及执照费的使用情况等。独立委员会的调查基本上是独立的,目的是既维护公共利益,又免于受政府的直接控制。

最后,其他对 BBC 进行制约的监管措施。

"皇家宪章"规定,BBC 向社会提供各类广播电视服务而持有的执照由贸易工业大臣颁发,与政府之间的各种协议均通过文化媒介体育大臣签署。文化媒介体育大臣有权审批和监督 BBC 的公共服务和商业服务的类型、形式、范畴等;有权审批和监督 BBC 为促进其服务目标的实现,与其他民营公司建立的合资或合作关系;有权审批和监督其执照费的使用情况;有权任命 BBC 理事会的成员。外交大臣对 BBC 对外广播节目的播出和发射以及其他形式的服务拥有决定权;BBC 对外广播经费由外交部拨付。BBC 每财政年度向文化媒介体育大臣报呈年度绩效报告、财政报告和下一年度服务目标,并由专门机构和人员进行审核、评估。②

2003 年,政府将原有的 5 家通信传播领域的监管机构合并,成立了新的规制机构——通信管理局(Ofcom),其监管范围包括电信业、广播电视业及其技术标准等,BBC 也被纳入管理之列。但 Ofcom 对它的监管仅涉及广播内容、竞争模式、独立制作内容和自创内容的额度分配等产业层面,并不具有凌驾其自身监管机构之上的权力。

---

① 李继东:《英国公共广播政策变迁与问题研究》,中国传媒大学出版社 2007 年版,第 50 页。
② 庞井君:《国外广播影视体制比较研究》,中国国际广播出版社 2007 年版,第 79 页。

## 第四节 CCTV 和 BBC 国际新闻频道的国际传播制度比较

### 一、CCTV-News 的国际传播制度

可以说,CCTV-News 是伴随着 CCTV 传播制度的重大变革诞生的。2000年9月,CCTV-News 的前身 CCTV-9 由原海外中心筹建而成,随之产生了 CCTV 第一个频道总监。"由于最初英语频道员工较少,不便于建立部门,因此实行的是频道制,可以说英语国际频道是中央电视台最早的频道制试点"。[1] 频道设总监、副总监与栏目制片人两个层次。全面试行制片人制,免去现有科(组)长职务,取消其科级待遇,新聘任的制片人无行政级别,竞争上岗。[2]

2010年,为配合国际一流媒体发展战略,频道制开始在全台范围内正式施行,CCTV-9 由此迎来一系列制度变革。2010 年 3 月,CCTV-9 和西班牙语、法语、阿拉伯语、俄语等国际频道被整体划入新闻中心,并更名改版为 CCTV-News;7 月,CCTV-News 和其他几个外语国际频道共同组建大外语频道,实行新闻中心管理架构下的频道总监负责制,确立外语频道集群管理主体。

总的来看,CCTV-News 的国际传播制度可大致总结出以下特点:

第一,从本质上看,CCTV-News 是中国国家电视台最重要的外宣频道之一。CCTV-News 的传播制度源于 CCTV,这决定了 CCTV-News 由政府主导的必然性,同时决定了它要相应承担国家对外宣传的任务。为此,CCTV-News 近年来相继建立了一系列适合外语频道管理的规章制度。例如,为提高国际报道的协同性出台了《外语频道新闻总值班 DESK 机制》,统一协调国际频道的多语种采访和报道任务,并和新闻中心的总值班 DESK 机制对接,实现重大新闻报道的同步进行。此外,还出台了《外语频道多语种采访机制》《外语频道关于节目评奖的规定》《外语频道制片人考核条例》《外语频道优秀制片人、优秀员工

---

[1] 张立勇:《从央视外宣频道 20 年发展看频道制改革》,《中国记者》2012 年第 7 期。
[2] 江和平:《英语频道总监制得失谈》,《电视研究》2001 年第 10 期。

评选方案》《英语新闻频道外籍专家薪酬管理办法(试行)》和《外语频道员工行为规范》等。

第二,CCTV-News 的资金来源以母台拨款为主,商业广告收入次之。2005 年年初,CCTV"频道品牌化"改革方案中提出,每个频道的考核评估将包含收视份额和广告创收两个指标,外语国际频道自然也不例外。当年 3 月,汇丰银行广告正式入驻 CCTV-9,由此其收入模式从单一的拨款转变为拨款和广告收入两种形式。但发展至今,CCTV-News 的商业广告收入仍然非常有限,且主要来自国内,母台拨款仍是它最主要的收入来源。2015 年 2 月 1 日起,该频道全面停播广告。

第三,CCTV-News 的重大机制改革以实现新闻资源共享为目标。经过 2010 年的频道制改革,CCTV-News 和西班牙语、法语、阿拉伯语等其他几个外语国际频道组建成立大外语频道,并实行新闻中心统一管理下的频道总监负责制。这种管理架构有助于 CCTV-News 与其他外语频道以及和新闻中心之间实现最大限度的新闻资源共享,并发挥频道管理的自主性,从而大幅降低了管理成本。

## 二、BBC World News 的国际传播制度

"20 世纪 90 年代初,BBC 似乎注定要进入它的衰落时期:利润减少,观众数量下降,影响力减弱。"[1]与此同时,1990 年广播法案出台,打破了英国广播电视"双头垄断"的格局,形成公营与商营并存的发展局面。在这种情势下,1991 年 BBC WSTV 从诞生之日起便不再享有外交部拨款,从而成为一个商业运营的电视频道。

1995 年,BBC WSTV 拆分形成 BBC World,最先由 BBC 环球公司负责运营。1996 年,"皇家宪章"首次明文同意 BBC 开展商业活动,尤其是它的国际电视业务。由此,BBC World 的商营体制以法律形式正式确立下来。

---

[1] 〔英〕詹姆斯·卡瑞、珍·辛顿:《英国新闻史》,栾轶玫译,清华大学出版社 2005 年版,第 194 页。

在 2002 年的机构调整中,BBC World 从 BBC 环球中剥离出来,并入了新成立的全球新闻部门。2008 年 4 月,BBC World 更名为 BBC World News,并于 2012 年 9 月和 BBC 在线重组成立 BBC 全球新闻有限公司(BBC Global News),负责英国广播公司由商业投资的国际新闻业务,并和 BBC 新闻频道(BBC News)、英国地方部(English Regions)等共同组成重要的业务部门——新闻中心(News Group)。

作为 BBC 国际传播制度的重要体现,BBCWN 的制度特征主要体现为以下几点:

第一,从基本定位上来看,BBCWN 是一个商业运营的国际电视频道。不像 BBC 其他的国内电视频道那样可以收取执照费,也不像"BBC 世界服务"那样可以接受政府拨款,BBCWN 主要依靠订阅费、广告收入等商业资金维持运营,并且承诺对公共服务进行资金回馈。BBCWN 身上集中体现了 BBC 所开创的公营、商营并举的创新体制,诠释了公共服务理念与时俱进的品质,在一定程度上是西方传媒领域"放松管制"的产物。

第二,作为公共广播机构的组成频道,BBCWN 具有一定的公共法人资格。BBC 是在发达的市场经济条件下,按照现代企业制度建立起来的公共广播机构,"由社会各界代表组成的理事会进行管理,并由国家民选代议机构来检查和确定它是否履行宪法规定的社会职责,对全体公民负责,非营利并保持与政治、经济之间的适度距离",因而具有相对独立的公共法人特点。而 BBCWN 直属于 BBC 全球新闻公司,作为它的下属商业公司,也得以分享一定的公共法人资格。

第三,BBCWN 的组织结构变迁符合媒介融合和资源集约的发展趋势。BBCWN 和 BBC 在线合并组成 BBC 全球新闻公司,从而成为世界领先的电视和数字新闻机构,其运营官吉姆·伊根(Jim Egan)指出,"这不是简单地将电视和网络结合在一起运营,而意味着我们正进入一个新时代:频道和网络的成见正被打破——这是关于 BBC 向全世界提供最高质量国际新闻的承诺,文本的、视频的,以一种融合的方式向观众所使用的各种屏幕传送新闻"。此外,BBCWN

还共享母公司庞大的新闻采集系统和信息资源。可以说,适应媒介融合趋势,并加强对新闻资源的有效利用,体现在 BBCWN 进入新时代的每一次重大组织变迁上。

## 本章小结

本章依据国际传播软实力的分析框架,对 CCTV 和 BBC 的"资源维度"进行比较。具体地说,就是着眼于制度资源角度,从传播理念和传播体制两个层面进行比较,再从中概括出 CCTV - News 和 BBCWN 的国际传播制度特征。

任何媒体的传播制度都是一定传播理念的产物,而理念的形成又是历史条件选择的结果。除受中国传统报刊理论的影响外,CCTV 的"喉舌"宣传理念主要源于马克思列宁的无产阶级新闻观,成长和发展于中国共产党领导下的无产阶级革命斗争,不讳言新闻媒体的政党色彩和宣传属性。而 CCTV 的公共服务理念则主要受西方自由主义新闻观的影响,新闻自由、独立、客观等新闻专业主义原则是其形成的基础。虽然这两种不同的传媒思想形成于不同的历史条件下,但服务对象都指向公众(或者说人民群众),这可以说是它们在价值理念上的相同点。

从传播体制上看,CCTV 的国有广播体制由国家代表人民享有产权,并由政府直接行使对这种产权的管理、监督和处置权;而 BBC 的公共广播体制则采取委托代理的形式由公共委员会行使监管权,将政府的作用限制于宏观产业层面。但相对于以美国为代表的商业广播体制,二者又有一定的相似性,即都在所有权方面采取非私有制,并在本国市场上占据一定的垄断地位。

此外,这两种传播体制还有两个相同点:一是商业化趋势。CCTV 由单一的事业体制引入企业化管理机制,在保证媒体性质不变的前提下,从事一定的商业活动。BBC 由单一的公共体制发展为公营、商营并行的双轨体制,其中,商营体制主要适用于国际业务,而国内业务则实行公共体制。二是组织结构的扁平化发展趋势。近年来,CCTV 由节目中心制向频道制改革,促进组织结构的扁平化发展,而 BBC 内部管理改革的重点也包含精简机构、减少层级等内容,这同时也是传媒商业化以及企业管理现代化需求的体现。

聚焦 CCTV – News 和 BBCWN 的国际传播制度,可以说二者都是制度创新的产物,CCTV – News 开启了 CCTV 频道制改革的序幕,BBCWN 则开创了 BBC 国际电视的商营体制,并成为西方广播电视双轨制的源头。在组织架构上,两个频道都由新闻中心负责管理,有利于实现新闻资源共享和对外报道的协同效应。比较来看,二者的差异主要表现在:CCTV – News 属于国有频道,主要由母台拨款维持运营,商业收入非常有限;而 BBCWN 属于商业运营频道,收入全部来自订阅费和广告收入,并承诺对母台给予资金回馈。

# 第四章　CCTV 和 BBC 国际新闻频道的传播力比较

对国际新闻频道来说,其国际传播软实力的行为维度如何体现是一个十分重要的课题。本章引入新闻传播学视域中的传播力概念,就国际传播软实力分析框架中的"行为维度"对 CCTV – News 和 BBCWN 进行比较。

具体来说,结合传播过程中的基本要素以及传播学和经济学的交叉研究视角,本章认为"内容""渠道"和"战略"基本涵盖了国际媒体作为传播者和作为市场主体的全部行为,因此在实际的比较中,主要从"传播内容及议程设置""传播渠道及受众覆盖"和"传播战略及品牌塑造"这三个层面对 CCTV – News 和 BBCWN 的传播力进行比较。

## 第一节　传播力的含义及国际传播力

"传播力"自 2003 年起逐渐出现在国内新闻传播学的研究视野中。刘建明(2003)最早提出"传播力"这一概念,他提出:"传播力是媒介传播力的简称,指媒介的实力及其搜集信息、报道新闻、对社会产生影响的能力",[1]"从外在层次上看,传播力包括媒介的规模、人员素质,传播的信息量、速度、覆盖率及社会效果,其中传播效果是媒介传播力的主要表征"。[2] 他还强调,传播力虽然直接表

---

[1] 刘建明:《当代新闻学原理》,清华大学出版社 2003 年版,第 37 页。
[2] 刘建明等:《新闻学概论》,中国传媒大学出版社 2007 年版,第 40 页。

现为物质和技术手段的力量,但绝不能忽视信息传播的内容和效果。

此后,一些学者基于不同的研究侧重点,先后提出了各自不同的观点。有的学者基于传播渠道角度的观点认为,"传播力是指一个国家对外输送信息的能力……可以用一国对外信息传播渠道的多少与强弱来衡量其信息传播力的高低";①有学者注重传播效果的观点指出,"传播力的核心是媒体传播的能力,也就是媒体到达受众并产生效果的能力";②还有的学者注重传播硬件构成的观点指出,传播力包括"传播载体的数量,传播机构的数目、从业人员的数量、传输技术、传播速度等,这些硬件构成传播力的基础";③郭明全则扩展了"传播力"的使用范畴,首次从企业发展的角度论述了企业与媒体的关系,并提出"传播力就是竞争力"的观点。④

在国际传播领域,一些学者针对"国际传播力"进行了探讨。其中,关世杰认为,"传播力是指大众传媒将信息向全球扩散的能力。传播力展示的是一国的信息可以抵达的范围,它并不表明信息所及的范围内是否接收该信息的情况"。⑤ 显然,由关世杰所定义的传播力不涉及传播的实际效果。李希光则提出,国际传播力是新闻媒体的国际传播能力,其影响因素包括"媒体自身的公信力、主流渠道、主流受众、主流信源、议程设置与框架能力,这五个方面同时也是媒体品牌的构成要素"。⑥

综合以上观点,本书认为"传播力"一般具有以下特点:

首先,传播力概念的提出与传统的传播效果研究有一定的相关性。在传播学的五种基本研究中,效果研究历来是研究的重点,和主体研究、内容研究、受众研究及渠道研究共同构成了传播学研究的总体。而效果研究尤其重要,在某种意义上,可以说它包含了其他所有方面的研究,因为传播的根本目的就在于

---

① 丁和根:《生产力·传播力·影响力——信息传播国际竞争力的分析框架》,《新闻大学》2010年第4期。
② 张明、赵铭:《直面媒体碎片化趋势》,《广告人》2010年第6期。
③ 孟锦:《舆论战与媒介传播力关系探微》,《军事记者》2004年第10期。
④ 郭明全:《传播力:企业传媒攻略·序》,南京大学出版社2006年版。
⑤ 关世杰:《中国跨文化传播研究十年回顾与反思》,《对外大传播》2006年第12期。
⑥ 李希光、郭晓科:《主流媒体的国际传播力及提升路径》,《重庆社会科学》2012年第8期。

影响人,无论是在认知、情感方面,还是在行为方面,即产生一定的效果。传播力概念的提出,同样指向传播效果的提升,只不过传播力更注重大众传媒传播活动的过程,或者说行为过程,而传播效果则注重结果,即传播活动最终产生的影响力状况。

其次,大众传媒最基本的传播力可归纳为内容和渠道两个范畴。如果说主体研究是大众传媒的本体研究,那么内容研究和渠道研究就是以大众传媒本身为行为主体所做的研究,因此可以看作是大众传媒的"行为研究",也就是本书所主张的传播力研究。受众,是传播活动的对象,受众研究也就是传播力研究所指向对象的研究,而效果则是传播力行为的自然结果,其研究也是传播力研究中的应有之义。本书不赞成仅侧重内容或渠道(或具体表述为某种传播物质条件或技术因素)的研究,也不赞成剥离开效果(或表述为影响力等)所进行的传播力研究。

最后,针对大众传媒组织本身的发展策略研究已成为传播力研究的重要组成部分。传统的新闻传播研究注重对围绕大众传媒行使基本职能时所涉及的问题进行研究,然而随着传媒业本身的发展,以及传媒领域私有化进程的加速,大众传媒的另一类活动正日益凸显出来。作为经济学和传播学的一个交叉视角,大众传媒除信息传播以外的市场营销活动,开始被纳入传播力的研究范畴。而传媒组织的发展战略虽然更多地体现为宏观层面的市场活动,但其最终目的还是为传播效果服务,因此也可看作是大众传媒宏观层面上的"行为",即宏观层面上的传播力。

基于以上观点,本书认为国际传播力的构成大致可概括为内容、渠道及战略三个层面,它们涵盖了某一国际媒体的基本传播活动以及宏观市场活动的全部行为。因此,在对 CCTV - News 和 BBCWN 这两个国际新闻频道的传播力进行比较时,本章从"传播内容及议程设置""传播渠道及受众覆盖""传播战略及品牌塑造"三个层面展开。

需要指出的是,国际传播力研究是更为复杂的传播力研究,空间的隔阂、国界的限制以及语言和文化上的差异是国际传播区别于国内传播的主要特征。

因此反映在国际传播力上,往往需要进行语言的转换和文化的对接,还需要有强大的技术和雄厚的资金支持以及全球化的市场及品牌战略等。

## 第二节 传播内容及议程设置比较

### 一、频道节目内容设置的对比分析

#### (一)节目类别

自 2010 年改版以来,CCTV – News 对节目内容进行了大幅调整,目前以新闻资讯报道为主,以深度报道、评论节目和纪实类专题节目为辅。其中,新闻资讯类节目包括《整点新闻》《新闻一小时》《非洲直播室》《文化报道》《今日亚洲》《财经亚洲》《体育报道》等;深度报道节目包括《中国 24 小时》《财富高峰会》《新财富》等;访谈评论节目包括《今日话题》《世界观察》《热点》《海客谈》等;专题节目包括《旅游指南》《看中国》《中心舞台》《东方》《发现》《学汉语》《自然》等。根据 CCTV – News 的节目设置,其节目分为常规节目、北美分台节目、非洲分台节目、档案类节目和系列节目五个大类[1],但后两类节目目前还没有固定的播出时间。

BBCWN 的节目根据主题和形态,大致分为五个类别。[2] 其中,数量最多、最具代表性的是新闻资讯类节目,主要包括《世界新闻》(*BBC World News*)、《新闻日》(*Newsday*)、《冲击》(*Impact*)、《今日世界新闻》(*World News Today with Zeinab Badawi*)、《新闻综述》(*GMT with George Alagiah*)、《全球》(*Global with Jon Sopel*)、《聚焦非洲》(*Focus on Africa*)、《世界财经报道》(*World Business Report*)、《亚洲财经报道》(*Asia Business Report*)、《财经综述》(*Business Edition with Tanya Beckett*)、《印度财经报道》(*India Business Report*)、《中东财经报道》(*Middle East*

---

[1] 参见 CCTV 官网:http://cctvnews.cntv.cn/。
[2] 参见 BBC 官网:http://www.bbc.co.uk/worldnews/programmes。

Business Report)、《今日体育》(Sport Today)等;其次为讨论和谈话节目,主要有《难题访谈》(HARDtalk)、《约会泽纳布》(Rendezvous with Zeinab Badawi)、《和琳达谈经济》(Talking Business with Linda Yueh)、《新闻夜》(Newsnight)、《世界辩论》(World Debate)、《特别时间》(Extra Time)、《理查德说》(The Richard Dimbleby Lecture)、《伦敦来电》(Dateline London)、《底线》(The Bottom Line)、《世界有你说》(World Have Your Say)等;此外,还有杂志和评论节目,这类节目的主题比较多元化,颇似我们通常所说的专题节目,包括《点击》(Click)、《每周世界》(Weekend World)、《健康检查》(Health Check)、《快车道》(Fast Track)、《文化秀》(The Culture Show)、《旅游秀》(The Travel Show)、《聊电影》(Talking Movies)等;最后,还包括《我们的世界》(Our World)、《全景》(Panorama)、《英国报道者》(UK Reporters)等纪实类节目以及不定期播出的特别节目。

以新闻资讯类节目和访谈节目为例,两个频道在节目内容设置方面具有两大明显差异:一是,和 CCTV - News 相比,BBCWN 的节目类别划分更为细致且兼具区域针对性,仅财经新闻节目就进一步划分为《世界财经报道》《亚洲财经报道》《印度财经报道》《中东财经报道》和《非洲财经报道》等;二是,CCTV - News 鲜有以主持人的名字冠名的节目,而 BBCWN 的这类节目较多,如《约会泽纳布》《和琳达谈经济》等,这无疑使 BBCWN 的节目更易打造以主持人为核心的品牌效应和个人风格,从而满足全球受众多样化以及个性化的收视需求。

(二)每周节目编排

在每周节目编排上,CCTV - News 基本遵循"5 + 2"模式,即日常节目和周末节目分别采取不同的编排方式。其中,《整点新闻》是 CCTV - News 每天滚动播出且播出频率最高的节目,其他重要的日播节目还包括12:00 的《新闻一小时》、18:30 的《文化报道》、19:30 首播的《今日话题》、20:00 首播的《中国 24 小时》以及 20:40 的《体育报道》等。《今日亚洲》《财经亚洲》《看中国》和《海客谈》等节目在每周固定时段播出。周末节目则在日常节目基础上增加了每周六

10:30 的《财富高峰会》、每周日 10:30 的《新财富》和 22:00 的《世界观察》等。另外,为适应目标观众的收视习惯,北美分台提供的《美洲观察》《热点》以及非洲分台的《非洲直播室》《对话非洲》和《非洲人物》等节目也安排在特定时段播出,以此来实现区域新闻的精准投放。

BBCWN 的日常节目和周末节目的编排相比,差异性更大。其中,周一至周四的节目编排基本一致,通常将《世界新闻》作为主干节目全天候滚动播出,《亚洲财经报道》《世界财经报道》《新闻日》《今日体育》等在特定时段滚动播出,其他重要日播节目还包括 3:30 首播的《难题访谈》、11:00 的《新闻综述》、13:00 的《冲击》、15:00 的《全球》、17:30 的《聚焦非洲》、18:00 的《今日世界新闻》、20:00 的《财经综述》等。而周五在日常节目编排的基础上,每周轮换播出《全景》《我们的世界》《和琳达谈经济》《世界有你说》《旅游秀》《文化秀》等。周末节目则彻底打破日常的编排模式,除保留整点播出的《世界新闻》外,其他时段以及其他日常滚动的节目不再播出,而代之以各种类型的新闻、专题、纪录片和特别节目等,时间安排上也更加灵活,因此每周末的节目内容都不完全一致。

(三)每日节目编排

具体到每日的节目编排,本书以 2014 年 7 月 8 日的节目单为例(见附录一),对 CCTV - News 和 BBCWN 的节目内容设置进行比较发现,两个频道的每日节目编排大致存在以下特点:

第一,BBCWN 的日常节目(除周五外)全部由新闻类节目构成,CCTV - News 则包含部分专题或其他节目。

具体来看,CCTV - News 每天除新闻类节目外,还包括《旅游指南》《东方》《发现》《自然》等专题节目和脱口秀节目《海客谈》,共计时长 300 分钟(包括重播),全天占比为 20.8%(见表 4 - 1)。

表4-1 CCTV-News日常非新闻类节目时长及比重

| | |
|---|---|
| 《旅游指南》 | 90分 |
| 《东方》 | 120分 |
| 《发现》 | 30分 |
| 《自然》 | 30分 |
| 《海客谈》 | 30分 |
| 总计 | 300分 |
| 占比 | 20.8% |

第二,就报道主题来看,BBCWN除综合新闻以外,比重较高的为财经新闻和体育新闻,但比CCTV-News少了一类文化新闻;就报道范围来看,BBCWN的区域新闻①节目较少,远低于CCTV-News。

具体分析,BBCWN的财经新闻节目在全天新闻节目中占比13.5%,和CCTV-News在全天新闻节目中的比重14%大体相当;体育新闻节目的比重BBCWN高出CCTV-News近5个点;在区域新闻里,BBCWN比较重视针对美国和非洲的报道,但总体比例仅占全天新闻节目的6.3%,而CCTV-News的区域新闻比重远高于BBCWN,在全天节目中的占比为31.3%,在全天新闻节目中的占比高达39.5%,其所关注的区域除本国外,还包括美国、非洲和亚洲(见表4-2、表4-3)。

表4-2 BBCWN日常分类新闻时长及比重

| 类别 | 财经新闻 | | 体育新闻 | | 区域新闻 | |
|---|---|---|---|---|---|---|
| 栏目 | 《亚洲财经报道》 | 《世界财经报道》 | 《今日体育》 | 《足球聚焦》 | 《聚焦非洲》 | 《世界新闻》(美国) |
| 时长 | 75分 | 120分 | 135分 | 30分 | 30分 | 60分 |
| 总计 | 195分 | | 165分 | | 90分 | |
| 占比 | 13.5% | | 11.5% | | 6.3% | |

---

① 注:为避免重复计算,本书所统计区域新闻均未包含区域财经新闻。

表4-3 CCTV-News日常分类新闻时长及比重

| 类别 | 财经新闻 | | 体育新闻 | 文化新闻 | 区域新闻 | | | |
|---|---|---|---|---|---|---|---|---|
| 栏目 | 《全球财经》 | 《财经亚洲》 | 《体育报道》 | 《文化报道》 | 《中国24小时》 | 《非洲直播室》 | 《今日亚洲》 | 《CCTV-美国》 |
| 时长 | 30分 | 130分 | 80分 | 30分 | 120分 | 90分 | 30分 | 210分 |
| 总计 | 160分 | | 80分 | 30分 | 450分 | | | |
| 新闻节目占比 | 14.0% | | 7.0% | 2.6% | 39.5% | | | |
| 全天占比 | 11.1% | | 5.6% | 2.1% | 31.3% | | | |

第三,从全天节目编排来看,BBCWN和CCTV-News均分别将《世界新闻》和《整点新闻》作为主干节目,全天滚动播出;同时,在黄金时段安排重点节目,例如BBCWN在19:00播出的《今日世界新闻》、20:00的《财经综述》、20:30的《难题访谈》等,CCTV-News在12:00播出的《新闻一小时》、19:30的《今日话题》、20:00的《中国24小时》等。此外,两个频道都重视在区域黄金时段安排对应的区域新闻节目,例如BBCWN在22:00-3:00时段(对应亚洲的上午时段)播出针对亚洲的新闻及财经节目,CCTV-News在3:00-10:00(对应美国的下午至晚间时段)播出北美分台的节目。

总体看来,BBCWN的每日节目编排比较注重主题的规律性,重点突出,易于形成大时段节目播出的整体效应;而CCTV-News的每日节目编排则有意识地注重节目区域投放的针对性,如在北美节目时段播出由北美分台制作的节目,但其他时段还未形成整体的鲜明特色。

## 二、黄金时段新闻节目的对比分析

黄金时段是任何电视频道都不会放过的且要重点打造节目的时段,主要包括以12:00、19:00、20:00、21:00为起始时间的节目时段,国际新闻频道也不例外,分析黄金时段节目的内容,就可以大致推及频道整体的定位与传播水平。本书以19:00新闻为例,采集了自2014年7月21日起连续两周(周一至周五)的节目样本(见附录二),对CCTV-News和BBCWN的黄金时段新闻节目进行对比。

CCTV – News 日常的 19:00 节目为《整点新闻》,该节目脱胎于原 CCTV – 9 频道的 *CCTV News*,是一档全天整点滚动播出的新闻资讯类主打精品节目。本书采集了 10 期《整点新闻》的节目样本,其中时长 30 分钟的 2 期、25 分钟的 7 期、15 分钟的 1 期,共计时长 250 分钟,除去导视、广告、天气预报等净节目时长 190 分 39 秒外,共采集新闻 72 条。①

BBCWN 周一至周五 19:00 播出《今日世界新闻》(*World News Today*),这档节目是 BBCWN 日常重要的新闻节目,播出大量针对中东、欧洲、非洲等地区的深度报道。本书同样采集了《今日世界新闻》的 10 期节目,每期时长 30 分钟,共计时长 300 分钟,净节目时长 251 分 47 秒,共采集新闻 84 条。

通过对报道主题、报道区域、报道倾向以及报道方式等方面的对比,本书认为 CCTV – News 和 BBCWN 两个频道黄金时段的新闻报道存在以下异同点。

(一)报道主题

CCTV – News 和 BBCWN 的 19:00 新闻都将"军事武装冲突"和"事故灾难"作为最主要的报道主题,无论是在数量上,还是时长上均占据三分之二左右。此外,CCTV – News 的报道主题还包括政治外交、财经等,而 BBCWN 的报道主题涵盖面更广,涉及政治外交、人权法制、科技、体育、财经等多个方面(见表 4 – 4、表 4 – 5)。

表 4 – 4　CCTV – News 19:00 新闻的主要报道主题

| | 军事武装冲突 | 事故灾难 | 政治外交 |
|---|---|---|---|
| 议题 | 乌克兰危机、加沙暴力、加沙冲突、伊拉克袭击、利比亚紧张局势等 | 马航 MH17 坠机、阿尔及利亚坠机、台湾坠机、埃博拉爆发、台湾燃气爆炸、"麦德姆"台风、印度山崩等 | 习近平主席出访、印度尼西亚选举、制裁俄国等 |
| 条数 | 22 | 27 | 16 |
| 占比 | 30.6% | 37.5% | 22.2% |
| 时长 | 74 分 12 秒 | 72 分 32 秒 | 33 分 13 秒 |
| 占比 | 38.9% | 38.0% | 17.4% |

---

① 关于新闻条数的划分,本文采取大的主题划分法,比如在"加沙冲突"这一报道主题下,往往包含若干条次主题的组合新闻,本书将其统一划分为一条新闻。

表4-5 BBCWN 19:00新闻的主要报道主题

| | 军事武装冲突 | 事故灾难 | 政治外交 | 人权法制 | 科技 |
|---|---|---|---|---|---|
| 议题 | 加沙冲突、利比亚"人间地狱"、乌克兰危机等 | 马航MH17坠机、埃博拉爆发、阿尔及利亚坠机、台湾坠机等 | 制裁俄罗斯等 | 人权组织批美国钓鱼执法等 | 新癌症治疗方案等 |
| 条数 | 20 | 29 | 5 | 10 | 6 |
| 占比 | 23.8% | 34.5% | 6.0% | 12.0% | 7.1% |
| 时长 | 101分17秒 | 75分34秒 | 11分44秒 | 21分37秒 | 13分24秒 |
| 占比 | 40.2% | 30.0% | 4.7% | 8.6% | 5.3% |

其中,在"军事武装冲突"主题下,CCTV-News和BBCWN都围绕当前陷入军事或武装冲突的热点区域,例如乌克兰、加沙、伊拉克和利比亚等地进行重点报道,但BBCWN使用了统一的宏观报道主题,仅就"加沙冲突"这一议题的报道就达89分16秒,占本报道主题时长的88.1%。[①]在某种程度上,报道框架的一致性有助于形成节目的品牌效应,提升传播影响力。

在"事故灾难"主题方面,CCTV-News和BBCWN共同报道的议题有马航MH17坠机、阿尔及利亚坠机、埃博拉爆发、台湾坠机、台湾燃气爆炸和印度山崩等(见表4-6)。其中,马航MH17坠机是同时赢得最多关注的议题,之后排在两个频道第二位的议题分别是阿尔及利亚坠机和埃博拉爆发。相比来看,BBCWN比CCTV-News较少关注台湾坠机、台湾燃气爆炸等议题。

表4-6 CCTV-News和BBCWN 19:00新闻"事故灾难"主题的报道状况

| | MH17坠机 | 阿尔及利亚坠机 | 埃博拉爆发 | 台湾坠机 | 台湾燃气爆炸 | 印度山崩 |
|---|---|---|---|---|---|---|
| CCTV-News | 36分37秒 | 12分43秒 | 8分33秒 | 5分19秒 | 4分30秒 | 1分42秒 |
| BBCWN | 44分22秒 | 5分36秒 | 15分49秒 | 1分59秒 | 2分23秒 | 36秒 |

---

① BBCWN就"乌克兰危机"也进行了大量报道,但其内容安排在"马航MH17坠机"的议题之下,故不在"军事武装冲突"报道主题的统计之列。

"政治外交"是 CCTV-News 的第三大报道主题,议题涉及习近平主席出访、印度尼西亚选举、制裁俄罗斯以及其他国内政治新闻和国际双边关系等。其中,习近平主席出访的有关报道时长共计 10 分 38 秒,占据近三分之一篇幅。而 BBCWN 的政治外交报道较少,只有制裁俄罗斯、英国对俄军售武器遭质疑等数条,且完全忽略了对印度尼西亚选举的报道。值得注意的是,BBCWN 还有一类关于"人权法制"的报道,即广泛关注世界各地违反人权或法制建设的热点事件,对这一主题报道的比重超过了其"政治外交"主题。此外,BBCWN 的科技报道也占据了不少篇幅,还有体育报道,这两类主题在 CCTV-News 的节目监测样本中均没有看到。

就头条新闻的报道主题来看,在节目监测期间,两档节目都重点关注了"军事武装冲突",尤其是 BBCWN,其绝大部分头条新闻都是关于加沙冲突的报道,其余少部分为马航 MH17 坠机的灾难事件,体现了这一阶段 BBCWN 对于加沙冲突议题的重点关注(见表 4-7)。

表 4-7  CCTV-News 和 BBCWN 19:00 头条新闻的报道主题

|  | CCTV-News | BBCWN |
| --- | --- | --- |
| 军事武装冲突 | 乌克兰危机 2 条,加沙冲突 3 条 | 加沙冲突 8 条 |
| 政治外交 | 习近平出访 2 条,周永康违纪被调查 1 条 |  |
| 事故灾难 | 阿尔及利亚坠机、台湾燃气爆炸各 1 条 | 马航 MH17 坠机 2 条 |

比较来看,CCTV-News 头条新闻的议题相对较为广泛,报道最多的是"军事武装冲突"主题下的加沙冲突和乌克兰危机议题,其次为"政治外交"主题,包括习近平主席出访等,最后是"事故灾难"主题,包括阿尔及利亚坠机和台湾燃气爆炸的报道。值得一提的是,习近平主席出访连续两天占据头条新闻位置,体现出 CCTV-News 对于"政治外交"主题的重视,以及给予传统的国家领导人活动头条位置的报道策略。

（二）报道区域①

CCTV-News 和 BBCWN 的 19:00 新闻都主要关注国际事件,国内新闻只占其中较小比例。就国际部分来说,CCTV-News 重点关注东欧地区,其次为中东、亚洲和非洲;而 BBCWN 最关注的区域为中东,其次为东欧、非洲和美国,较少关注亚洲(见表 4-8、表 4-9)。

表 4-8　CCTV-News 19:00 新闻的报道区域分布

|  | 国内 | 国际 | | | | |
|---|---|---|---|---|---|---|
|  |  | 东欧 | 中东 | 亚洲 | 非洲 | 其他 |
| 条数 | 14 | 18 | 14 | 12 | 5 | 9 |
| 条数占比 | 19.4% | 25% | 19.4% | 16.7% | 6.9% | 12.5% |
| 时长 | 28分15秒 | 62分48秒 | 49分22秒 | 22分45秒 | 8分10秒 | 19分19秒 |
| 条数占比 | 14.8% | 32.9% | 25.9% | 11.9% | 4.3% | 10.1% |

表 4-9　BBCWN 19:00 新闻的报道区域分布

|  | 国内 | 国际 | | | | | |
|---|---|---|---|---|---|---|---|
|  |  | 东欧 | 中东 | 亚洲 | 非洲 | 美国 | 其他 |
| 条数 | 12 | 15 | 15 | 6 | 15 | 8 | 13 |
| 条数占比 | 14.3% | 17.9% | 17.9% | 7.1% | 17.9% | 9.5% | 15.5% |
| 时长 | 34分43秒 | 59分53秒 | 90分23秒 | 5分17秒 | 25分25秒 | 14分32秒 | 21分34秒 |
| 条数占比 | 13.8% | 23.8% | 35.9% | 2.1% | 10.1% | 5.8% | 8.6% |

具体分析,这一时期 CCTV-News 对国内新闻的关注与 BBCWN 大体相当,时长上略高出 1 个点,但都保持在 15% 以内;而在国际新闻方面,CCTV-News 对东欧及中东区域的关注在时长比重上接近于 BBCWN 的数值,但顺序恰恰相反。此外,CCTV-News 对亚洲的关注度远高于 BBCWN,其数量比例是后者的两倍多,且时长比例上竟超过 BBCWN 近 5 倍之多,再次证实了亚洲是 BBCWN 的报道盲点,这也正是 CCTV-News 立足亚洲报道的原因之一。另外,埃博拉疫情的爆发,

---

① 本书对报道区域的考量主要以事件行为主体的国别属性或事件发生地为判断依据,不考虑影响力。对于多国参与且无明确主导国或发生于本国国土之外且事件的地理关联性不明显的,一律归纳为国际新闻中的"其他"类别。

使BBCWN对非洲的报道远超过CCTV - News,同时还表现出对美国相当大的兴趣。

就头条新闻的报道区域进行比较,CCTV - News和BBCWN的差异较为明显。节目监测期间,BBCWN 19:00的头条新闻全部为国际新闻,且只关注了中东和东欧,尤其是中东地区;而CCTV - News除了这两个区域之外,对亚洲的关注也较为突出。值得一提的是,CCTV - News还有近三成国内新闻,表现出我国国家电视台对于本国新闻的国际传播与表达的重视(见表4 - 10)。

表4 - 10　CCTV - News和BBCWN 19:00头条新闻的报道区域

|  | 国内 | 东欧 | 中东 | 亚洲 | 国际其他 |
| --- | --- | --- | --- | --- | --- |
| CCTV - News | 3 | 2 | 3 | 1 | 1 |
| BBCWN | 0 | 2 | 8 | 0 | 0 |

(三)报道倾向

从总体上看,CCTV - News和BBCWN 19:00新闻都倾向于负面报道,中性及正面的报道较少。除负面报道外,BBCWN的中性报道多于CCTV - News,而CCTV - News的正面报道则超过BBCWN(见表4 - 11、表4 - 12)。

表4 - 11　CCTV - News 19:00新闻的报道倾向

|  | 负面 | 中性 | 正面 |
| --- | --- | --- | --- |
| 条数 | 60 | 8 | 4 |
| 条数占比 | 83.3% | 11.1% | 5.6% |
| 时长 | 165分32秒 | 11分29秒 | 13分38秒 |
| 条数占比 | 86.8% | 6.0% | 7.2% |

表4 - 12　BBCWN 19:00新闻的报道倾向

|  | 负面 | 中性 | 正面 |
| --- | --- | --- | --- |
| 条数 | 65 | 18 | 1 |
| 条数占比 | 77.4% | 21.4% | 1.2% |
| 时长 | 213分21秒 | 36分17秒 | 2分09秒 |
| 条数占比 | 84.7% | 14.4% | 0.9% |

近年来,CCTV - News 国际新闻中的负面报道数量呈上升趋势,在节目监测样本中,其比重甚至略高于 BBCWN。

负面报道是西方新闻理论中"争议性""冲突性""反常性"等新闻价值观念的体现,同时也是新闻媒体环境监测功能的体现。在采集的节目样本中,负面报道倾向基本以 conflict(冲突)、crisis(危机)、tragedy(惨剧)、tension(紧张)、violence(暴力)、attack(攻击)、crash(坠机)、blast(爆炸)、victim(遇难者)、sanction(制裁)、explosion(爆炸)、inferno(地狱)、disaster(灾难)等关键词为标志,涉及议题包括战乱冲突、安全事故、自然灾害、政治丑闻、外交纠纷、人权侵害等;而中性及正面报道除考虑事件本身的性质外,还同时兼顾媒体对事件所持的态度,例如,CCTV - News 的正面报道量之所以较高,是因为这一阶段习近平主席的出访报道较多,且媒体采取了积极肯定的态度,这从节目的副标题"Xi and Castro pledge to continue strong friendship"(习近平和卡斯特罗承诺持续稳固友谊关系)、"Chinese ambassador sees steady growth continuing"(中国大使目睹稳定增长持续发展)等即可看出。

此外,在节目监测期,有两则习近平主席出访的报道被置于头条,使 CCTV - News 19:00 头条新闻的正面报道倾向达到 20%,也是高于 BBCWN 零正面的原因(见表 4 - 13)。

表 4 - 13　CCTV - News 和 BBCWN 19:00 头条新闻的报道倾向

|  | 负面 | 中性 | 正面 |
| --- | --- | --- | --- |
| CCTV - News | 8 | 0 | 2 |
| BBCWN | 10 | 0 | 0 |

和全部报道中 CCTV - News 的负面报道倾向略高于 BBCWN 不同,在国内新闻报道中,BBCWN 的负面报道率反超 CCTV - News 10 个点以上,这体现出 CCTV - News 倾向于在国际报道中更多使用负面倾向,而在国内新闻中更多使用正面倾向的特点,即对外传播仍遵循"内外有别"的报道思路(见表 4 - 14)。

表4-14 CCTV-News和BBCWN 19:00国内新闻的报道倾向

| | 负面 | 中性 | 正面 |
|---|---|---|---|
| CCTV-News | 4 | 6 | 4 |
| 占比 | 28.6% | 42.3% | 28.6% |
| BBCWN | 5 | 6 | 1 |
| 占比 | 41.7% | 50% | 8.3% |

(四)报道方式

从报道方式的比较来看,对于重大新闻,CCTV-News 19:00新闻主要采取主题集纳模式,即宏观新闻主题下的组合式报道,而BBCWN主要采取故事模式,即从故事引出对新闻事件的深刻解读;在具体的报道策略上,两者均采用记者现场报道、演播室视频连线、电话连线等,而演播室访谈是这一时段BBCWN所特有的。

第一,CCTV-News主要采取主题集纳模式,而BBCWN则主要采取故事模式。

以CCTV-News2014年7月28日的节目为例,头条新闻是题为"Israel-Gaza Conflict"(以色列—加沙冲突)的主题报道,其下共包括5条组合新闻:(1)Official: Israel sees no need for another Gaza ceasefire(官方:以色列不需要又一个加沙停火协议);(2)UN Security Council urges humanitarian truce(联合国安理会敦促人道主义停火);(3)Palestinian, Israeli sides react to UN ceasefire statement(巴以双方应对联合国停火声明);(4)Obama calls for immediate Humanitarian ceasefire(奥巴马要求立即实行人道主义停火);(5)China's envoy urges Israel-Palestine ceasefire(中国特使敦促巴以停火)。由此可见,主题集纳模式更注重挖掘新闻事件的关联性,有利于发挥报道的集群效应,有利于提升节目的关注度和传播效率。

而BBCWN的故事模式更注重新闻事实的细节呈现和记者的个人体验,并通过多种形式的解析来增强新闻的可信性,同时触发观众的情感共鸣和理性思考。对比BBCWN的同题新闻"Gaza Conflict"(加沙冲突),在2014年7月25日的节目中,记者讲述了加沙冲突炮火下一位早产女婴的故事。故事的大意为:该女婴没有名字,也没有母亲,她是医生对死去的母亲实施了紧急剖腹产手术才产下的,足足比预产期提前了两周。女婴躺在医院的病床上接受治疗,医生说她存活的几率只有50%。在当天凌晨两点以色列对加沙突然的空袭中,她的母亲被活埋在废墟之下,不治身亡。节目还颇具意味地指出,尽管以色列声称会尽量避免平民伤亡,可在当天的空袭中并没有士兵死亡,死亡的只有这位处于孕晚期的女性。而在几天后的7月30日的节目中,记者提供了这个悲伤故事的结局:"今天,她死了。伴随着周边炸弹的坠落,在一个满是草草搭就的墓地上,人们把她埋在了她从没见过面的母亲身边……她只存活了五天。"诸如这样的故事,在BBCWN的节目中并不鲜见。透过故事的讲述,镜头一再呈现了战火中女性绝望的哭泣、孩子们稚嫩身体上的伤痕、坍塌的房屋……无一不让人感受到杀戮的真实感与残酷性。

第二,记者现场报道、演播室视频连线和电话连线等是CCTV – News和BBCWN最常使用的报道策略。此外,BBCWN还经常使用演播室访谈的策略。

长久以来,BBCWN就有外采新闻的现场报道及演播室视频连线由BBC News的记者完成的传统。在所监测的节目中,仅有一次视频连线是由俄国广播公司(Russia radio)的记者帮助完成的,这显示出BBCWN和BBC其他部门在很大程度上共享节目资源。

近年来,CCTV – News也多采取海外记者现场报道或演播室视频连线的形式进行报道,这得益于CCTV海外记者站和海外分台的建设成果。越来越多的重要新闻的播报,不仅大大提升了CCTV – News节目的新闻自采率,同时也为其进一步打造独家报道、独家言论奠定了基础。

在视频连线条件不允许的情况下,CCTV – News和BBCWN都倾向于采取电话连线的方式,以获取新闻现场的第一手信息,力争新闻的时效性。例如,在2014年7月24日的节目中,CCTV – News的头条新闻是关于阿尔及利亚坠机的突发新闻,时长1分多钟,只采取了简单的"解说 + 画面"形式,但6分多钟后的第四条新闻再次插播该新闻,并通过电话连线了驻阿尔及利亚的记者,进一步对该新闻进行追踪报道。

除上述报道策略外,BBCWN 19:00新闻还经常使用演播室访谈的策略,这在 CCTV - News 的节目样本中没有看到。BBCWN 针对外采新闻或视频连线所涉及相关议题的最新发展,在演播室邀请有关人士进行深度访谈,这种面对面采访所具有的优势能为观众提供更多有深度的分析和思考。

(五)报道的专业精神

相较于 CCTV - News, BBCWN 无疑拥有更广泛的世界声誉,被公认为是践行新闻报道专业精神的典范,这主要体现为其对于真实、客观和高质量报道的孜孜以求。真实是新闻的生命,客观是报道的立场,高质量则是媒体自我发展的要求,这三者共同构成了新闻专业主义精神的基本内核。正如有学者评价的那样,"BBC 内部存在一种根深蒂固的新闻文化,它赋予公正性、专业性及最为重要的独立性以巨大的价值",[①]BBCWN 在多个方面都致力于打造这种新闻专业主义精神。当然,近年来 CCTV - News 得益于国际传播能力的大幅提升,在提供真实、客观和高质量的报道方面,也有了越来越出色的表现。

在这里,我们仅以 BBCWN 的节目为例,探讨国际新闻频道报道专业精神的呈现与表达方式:

首先,深入新闻事件发生的第一现场。以 2014 年 7 月 29 日 19:00 的加沙冲突新闻为例,节目中 BBC 的记者躲在加沙街头的汽车掩体后进行现场报道:"……正如你听到的,整整一天,袭击仍在继续……"仅短短几句话,记者便数次被不远处传来的炮火声打断,战火下的紧张气氛一目了然。在节目监测期间连续播出的加沙冲突报道中,BBC 记者一直身穿印着"Press"(新闻)的防弹衣,在加沙空袭下最危险的地方坚持报道。

其次,追求对新闻当事人的独家采访。在 2014 年 7 月 24 日的节目中,BBCWN 播出了对哈马斯领导人哈立德·马沙尔(Khaled Meshaal)的独家专访,

---

① 〔英〕斯图尔特·艾伦主编:《新闻业:批判的议题》,纪莉、石义斌译,武汉大学出版社 2011 年版,第 241 页。

获取了其关于当前停火、外界质疑等问题的回应,在某种意义上以媒体身份介入了国际热点事件的发展进程。而在这一时间节点上,对哈立德·马沙尔进行电视采访的仅有BBCWN一家。此外,就加沙议题,BBCWN还采访了以色列政府发言人马克·雷格夫(Mark Regev)、"法塔赫运动"发言人胡萨姆·扎洛(Husam Zomlot)、联合国高级人权委员会官员鲁珀特·科尔维尔(Rupert Colville)等一系列国际政治领域的重要人物。

最后,对争议或冲突事件进行平衡报道。再以2014年7月24日的节目为例,当天的加沙报道围绕以色列空袭一所联合国学校,造成加沙平民以及联合国工作人员伤亡的事件展开:节目首先播出了BBCWN制作的新闻报道,用镜头记录下空袭造成的人员伤亡,并采访多个空袭事件的目击者和受害者;然后,独家专访哈马斯领导人哈立德·马沙尔,询问其关于签署停火协议的态度,以及以色列对联合国学校私藏火箭弹的质疑;接着,电话采访联合国难民救济和工程处官员,从第三方角度印证以色列空袭加沙联合国学校的事实;最后,通过演播室视频连线采访空袭实施的一方,由以色列政府发言人马克·雷格夫对这一事件以及相关谴责予以回应。整个节目看下来发现,BBCWN对事件的报道兼顾了与事件相关的各方,不管是受害方、还是施害方给予每一方同等的机会接受采访,从而更加全面和客观地还原了事件,体现出新闻媒体应有的客观立场。

## 第三节 传播渠道及受众覆盖比较①

### 一、信息输入:海外报道网络与跨语言传播

信息输入是信息从信源到达信道的过程,对于新闻媒体来说,就是新闻信息的采集过程,是传播学渠道分析的重要组成部分。

考察国际媒体的新闻采集活动,我们可以从物质(或技术)和语言(或文化

---

① 本节及下节关于CCTV的数据除特别注明外,均来自中央电视台发展研究中心。

的)两个角度进行解读。信息从国外某一信源到达国内的传播者——国际媒体的过程,既体现为信息跨越国界这一物理过程,也体现为信息的符号化过程,前者可以靠物质手段和技术条件来完成信息的采集,而后者主要表现为不同语言符号之间的转换,只能靠文化途径予以解决。在这种意义上,国际媒体的信息输入就可以分解为海外报道网络和跨语言传播两个不同的分析层面。

(一)海外报道网络的构建

可以说,BBCWN海外报道网络的建设起步较早,且建立在母公司已取得的巨大成就之上。如前所述,BBCWN脱胎于"BBC世界服务",即BBC的国际广播服务。"二战"期间,BBC电视服务中断,其国际广播大放异彩。除表现在多语种国际广播服务的陆续开办外,其员工规模也迅速扩大,从1939年拥有4,000名员工,扩充为1940年年初的6,000人,到这一年的11月,更是增加到近1.1万人。

更为重要的是,战时新闻节目发生了重要变化。自1939年起,BBC的新闻节目数量迅速增长,新闻素材的来源渠道越来越广,包括监听外国的广播节目。此外,它也发展出"即时插播""现场目击"和"现场直播"等新闻节目形式。1944年年底,广播报道小组一直跟随英军在法国和远东作战,评论员也发展出一种在前线报道的新方式,使战士们在国内的家人能够更近距离地感受到他们的经历。[①] 也就是说,战争对新闻提出了更高的要求,催生了新的报道方式,促进了海外报道队伍的创建,这无疑为日后国际电视的发展奠定了基础。

虽然BBCWN自创始之日就被设计为一个依靠商业资助维持运转的电视频道,但它几乎分享了母公司全部的新闻资源。从最现实的层面来说,它几乎从一开始就拥有一张现成且堪称强大的海外报道网络。

BBCWN"在信息采集方面几乎完全依赖执照费资助的BBC News和政府资助的BBC世界服务。2004年,BBC的新闻机构估计由遍及世界的41个记者站和大约600名员工组成,其中大部分都是记者。然而,应该指出的是,BBC通过

---

① 〔英〕詹姆斯·卡瑞、珍·辛顿:《英国新闻史》,栾轶玫译,清华大学出版社2005年版,第106、117页。

其语言服务和其他附属机构,影响已超越这41个记者站。除了在商业部门拥有专职员工,BBCWN还有大约100名员工专职在伦敦和华盛顿的演播室工作。他们主要是管理人员、高级编辑和制作人员,以及一些专门由BBCWN资助的独立记者。而大多数记者都同时为BBC国内和全球传播工作"。[1] 截至2011年,BBC的全球记者站发展为46个,其中海外记者站42个,另设有伦敦、北美和东亚3个中心记者站。以BBC华盛顿区域中心站为例,共有77人(不含营销推广人员),其中报道统筹7人,新闻采集31人,节目制作22人,广播服务12人,技术和行政人员5人。[2] 从人力投入来看,新闻采集是该中心的工作重点。

与之相比,CCTV-News在成立初期就比较欠缺相应的资源支持,其"最大的新闻来源为国际新闻通讯社。美联社和路透社为它提供24小时的视频和文本资料。另一个最大的信息源为CCTV的其他频道,大约提供23%的新闻,主要包括CCTV-1和CCTV-4,它们分别是重要的国内频道和服务海外的中文频道。只有20%多的报道由编导和记者完成"。[3] 这种状况一直持续到2009年CCTV启动国际一流媒体战略,逐步加大对海外报道网络的建设才得以改善。

自2009年起,中央电视台海外记者站建设全面铺开,仅3年时间就从19个发展为70个,其中仅2010年一年就新建俄罗斯、非洲、亚太、拉美和中东5个中心记者站。2012年年初,中央电视台海外记者站更进一步将非洲、北美中心站升格为海外分台。至此,已形成以北美、非洲两大海外分台和欧洲、俄罗斯、中东、亚太、拉美5个海外中心站为主导,下辖63个非中心记者站的覆盖全球的海外报道网络(见表4-15)。

---

[1] Lina Dencik, "What global citizens and whose global moral order? Defining the global at BBC World News", *Global Media and Communication*, 2013 9:119, p.126.
[2] 杨刚毅主编:《电视国际传播创新研讨文集》,中国广播电视出版社2011年版,第177页。
[3] JIRIK John, "*The PRC's 'going out' project: CCTV International and the imagination of a Chinese nation*". 本结论由JIRIK对CCTV-9于2004年播出计28天节目所做的内容分析而来,更多分析参见Jirik (2008, P139-197)

表4-15  2008—2012年来CCTV海外记者站建设状况

| 年度 | 海外记者站数量(个) | 海外中心站数量(个) | 海外分台数量(个) | 总数(个) |
| --- | --- | --- | --- | --- |
| 2008 | 17 | 2 | 0 | 19 |
| 2009 | 17 | 2 | 0 | 19 |
| 2010 | 43 | 7 | 0 | 50 |
| 2011 | 63 | 7 | 0 | 70 |
| 2012 | 63(新建利雅得记者站,撤销罗安达记者站) | 5 | 2 | 70 |

海外报道网络建设初见成效,一改CCTV-News长期依靠国际通讯社供稿的被动局面,CCTV的国际新闻自采率随之大幅提升。"据统计,2009年海外记者报道首播量为3,053条,平均每天8条,约占国际新闻总体首播量的12%。2010年海外记者站发稿量超过6,000条,发稿量翻了一番,日均达到17条,约占国际新闻总体首播量的17%。2011年海外记者站发稿播出量达到13,647条,日均发稿量已经提升到37条,占国际新闻播出量的40%。"①

2013年,CCTV"71个海外记者站全年发稿总量2.2万多条,较2012年提高4.9%。在新华社梳理的全球123个重大事件中,CCTV驻外记者的到达率为97%。北美分台区域制作中心每天制播的节目由1小时增至2小时,非洲分台区域制作中心由1小时增至1.5小时,使英语新闻频道播出的由中央电视台自采的国际新闻从几年前的3%提升至76%,彻底改变了频道国际新闻主要依赖西方媒体的局面"。②

(二)跨语言传播

国际传播中往往涉及跨语言传播,也就是说,如果传播国传播者的源语言与目标国受众的目标语不同,就必然要进行语言符号的转码,即将源语言转化为目标语。这个过程既可以由传播者完成,也可以由受众完成。

---

① 崔屹平、李宇:《二十年来中国电视对外传播理念嬗变初探——以中央电视台为例》,《现代传播》2012年第8期。
② 《中国广播电视年鉴(2014)》,中国广播电视年鉴编辑部2014年版,第34页。

其中,由传播者做出语言转换、以受传者或受众所使用的语言即受传者或受众的母语进行的跨文化传播形态被称为母语传播。在国际传播实践中,这种母语传播形式是占主流的。相比于非母语传播,由传播国的传播者所主导的母语传播形式更有可能促成国际传播的发生,改善和增进国际传播的效果。[①]

在跨语言传播中,母语传播无疑对传播者提出了更高的要求。虽然同样以英语世界的观众为目标受众,但由于BBCWN本身从事的就是母语传播,因此不存在跨语言传播的问题;而对于源语言为中文的CCTV-News来说,则面临着语言的转换问题。时任CCTV外语频道总监的范昀认为,"面对不同的语言体系、不同的文化背景、不同的思维模式、不同的接受习惯的多元化国际传播环境,要实现传播的国际影响力,就需要'入乡随俗',借助本土团队进行本土化制作,提升报道吸引力和亲和力,获得文化认同"。[②] 可见,CCTV-News已经认识到了母语传播或者说语言传播本土化的重要意义,具体落实到实践层面,主要通过聘用外籍员工的方法予以解决。

2003年,CCTV-9正式聘用第一名外籍新闻主播,成为当年该频道最具里程碑意义的事件。2004年,十多位外籍主持人陆续走上CCTV的荧屏。其中,来自西方主流媒体——澳大利亚广播公司的埃德温·马厄最受外界瞩目。"英语母语人士参与主持,不仅大大提高了英文国际频道的播报水平,增强了可信度,而且进一步突出了国际频道的特色。"2009年年底,CCTV 9开始试用海外特约报道员;截至目前,CCTV-News的外籍雇员接近250人,遍布所有工作岗位。[③]

尤其是CCTV在筹建北美、非洲两个海外分台的过程中,最重要的举措就是大规模招聘和使用外籍员工。例如非洲分台本着"让非洲人报道非洲"的原则建台,吸引了肯尼亚最大电视台KTN原当家女主播比阿特丽斯(Beatrice)等一批非洲资深电视媒体人加盟。截至2012年年底,非洲分台绝大多数员工为

---

[①] 李智:《国际传播》,中国人民大学出版社2013年版,第136页。
[②] 范昀:《从"走出去"到"走进去":CCTV-NEWS本土化发展战略》,《电视研究》2013年第7期。
[③] 朱焱:《CCTV NEWS里的外籍雇员:发展轨迹与现实动因》,《对外传播》2014年第2期。

非洲当地雇员。而北美分台同时期的数据表明,外籍员工的数量要占到员工总数的一半以上(见表4-16)。

表4-16 2012年年底CCTV海外分台员工构成情况表

|  | 员工总数 | 外籍员工数量 |
| --- | --- | --- |
| 非洲分台 | 71 | 69 |
| 北美分台 | 136 | 74 |

此外,这两个海外分台的中方外派人员以管理角色为主,而报道岗位基本由外籍员工构成,这充分体现了CCTV-News通过外籍员工的聘用来实现母语传播的用意。

需要强调的是,由于国际传播的复杂性,即便实现了母语传播,也不等同于解决了跨语言传播的所有问题。或者说,语言的同一性并不必然带来文化的适应性。这对BBCWN也不例外,虽然BBCWN不存在语言转换的环节,但它仍需要采取措施解决与不同国家目标受众之间在不同程度上的文化衔接问题。而CCTV-News通过聘用外籍员工,解决了一部分跨语言传播的难题,但同时又必然带来媒体内部的跨语言问题,即CCTV-News将与受众之间的外部矛盾转嫁到了内部,从而使本部人员不得不面对和不同国家与地区雇员之间的跨语言、跨文化的人际传播问题,这同样需要CCTV-News加以重视并着手解决。

## 二、信息输出:海外落地和媒介平台转型

与信息输入相反,信息输出是信息由信道到达信宿的过程,对于新闻媒体来说,是和新闻采集相反的新闻信息的扩散过程。信息输出,同样是传播学渠道分析的重要组成部分。

对国际媒体,尤其是国际电视媒体而言,新闻信息的扩散可以描述为信息符号(节目电视信号)在一定技术条件支持下到达某一传输终端,并为国际受众所接收的过程,期间涉及一系列技术、政策、经济、文化和意识形态壁垒,具有异常的复杂性和艰巨性。

目前,传统的国际电视信息输出方式为"通讯卫星+电视天线或有线电视网"的模式,海外落地状况如何往往是考察国际对外电视实际效果的重要环节。此外,技术发展及媒介融合趋势也带来媒介平台转型的需要,国际电视信息输出平台的数字化利用,成为另一个重要的考察环节。

(一)海外落地

目前,BBCWN 节目通过 Astra 19.2°E、Hot Bird 和 Thor 三组通讯卫星向外传播,节目信号在理论上可被世界上任何电视天线接收。但由于不同国家的相关政策限制,理论数据往往和现实情况有着相当大的差距。如中国《境外卫星电视频道落地管理办法》规定,BBCWN 等境外卫星电视频道只能在"三星级以上涉外宾馆、饭店、专供境外人士办公居住的涉外公寓等规定的范围及其他特定的范围落地"。鉴于此,大多数国际媒体都采取和目标国家有线电视运营商合作的方式,借助后者的销售平台,进入用户家庭。

近年来,在建设国家一流媒体战略推动下,CCTV 不断加强海外推广和落地工作,效果较为显著。2011 年年底,CCTV - News 频道落地用户数达到 2.49 亿户,比 2003 年的 3,200 万户增长了 6.8 倍。在美国,CCTV - News 已完成在旧金山、洛杉矶两个城市数字地面平台的落地,进入华盛顿数字地面电视平台 Mhz 电视网整频道播出,同时进入华盛顿特区、马里兰州和弗吉尼亚州的所有有线电视网,有效用户总数达 240 万户;在欧洲,CCTV - News 在德国、比利时、荷兰、瑞士和奥地利 5 国主流平台落地,在英国用户数最多、影响力最大的 Freeview 免费地面数字电视平台播出,在法国最大的数字有线网(NUMERICABLE)落地;在亚洲,进入韩国总计 93 家有线电视平台的 71 家,同时进入韩国所有 IPTV 平台。①

此外,由 CCTV 主导的中国电视长城平台于 2004 年开始海外市场化运作,2011 年年底建成美国、加拿大、欧洲等 9 个系列平台,从而成为全球最大的华语

---

① 庞井君主编:《中国广播电影电视发展报告(2012)》,社会科学文献出版社 2012 年版,第 135 - 136 页。

付费电视平台。截至 2012 年年底,长城平台用户突破 12 万户。在长城平台带动下,CCTV – News 进入国际主流电视平台的"基本层"①落地。例如在美国平台,CCTV – News 免费覆盖合作商艾科斯塔公司的 1,400 万基本层用户;在欧洲平台,覆盖 1,215 万基本层用户;在非洲平台,覆盖 130 万基本层用户。

相比而言,BBCWN 的海外落地范围更加广泛,是世界上拥有最多有效用户的国际新闻频道之一。根据 2012 年数据统计,BBCWN 在全球的销售突破了 3 亿大关,拥有超过 3.3 亿用户,其中,增长最大的区域见表 4 – 17。②

表 4 – 17　2012 年 BBCWN 区域用户增长状况

| |
| --- |
| 美国:增长超过 100%,主要由于和美国有线运营商康卡斯特(Comcast)建立的新合作 |
| 欧洲:增长 15%,其中法国增长 119%,希腊增长 549% |
| 前东欧国家:格鲁吉亚增长 101%,俄国增长 18%,哈萨克斯坦增长 43%,爱沙尼亚增长 85% |
| 拉丁美洲:巴拿马增长 45%,厄瓜多尔增长 25%,巴拉圭增长 40%,阿根廷增长 7%,智利增长 16% |
| 亚洲:印度尼西亚增长 35% |

2012 年,BBCWN 在美国的用户数增长迅速,超过 100%,这主要归功于 2011 年 12 月与美国最大的有线电视运营商康卡斯特签署的合作协议,后者负责向其用户提供 BBCWN 的节目,这一协议使 BBCWN 的美国用户翻了一番,达到 1,500 万户。2012 年 12 月,BBCWN 又与美国时代华纳签署协议,从而使该频道在美国的用户数达到 2,500 万户。BBC 2012 年年报显示,除了进入普通家庭外,BBCWN 还进入了全球大约 180 万个旅馆房间、151 艘军舰、40 多家航空公司、23 个手机运营网络以及其他一些网络平台。

截至 2014 年 1 月,BBCWN 的全球用户数再次刷新纪录,达到 3.88 亿户。其中,欧洲为 116.2 百万用户,北美为 115.6 百万用户,亚太地区为 63.9 百万用户,南亚为 44 百万用户,中东和北非为 24.9 百万用户,拉美为 13.3 百万用户以

---

① 基本层在这里指的是有线电视运营商为用户提供的最基本的服务等级,即针对交付最基本订阅费的用户所提供的收视服务级别。一般来说,进入基本层的内容提供商拥有较多的收视群体。
② BBC 官网:http://www.bbc.co.uk/mediacentre/worldnews/bbcglobalnewsdist.html。

及非洲(中、南部)为 9.2 百万用户。① 总体来看,传统的欧洲市场以及近年来增长较快的北美市场构成了 BBCWN 用户的主体,共占据市场近六成份额。

(二)媒介平台的转型

现如今,由数字技术引发的媒介融合正作为世界传媒业发展的一次深刻变革影响着世界传媒的发展。电视参与媒介融合,衍生出多种多样的新媒体平台,正形成以地面无线、有线电缆、卫星、互联网、移动通讯网 5 种方式为传输渠道,以电视、电脑、手机以及各种电子阅读器、接收屏幕为终端的多样化的传播媒介形态。对国际电视媒体来说,加快数字技术应用和与新媒体的融合,实现多元化媒介平台的转型,是时代提出的要求。

新技术环境下 CCTV-News 的媒介平台转型,概括起来可以有两种途径:一种途径是以传统电视的传输形式,进入对象国的 IPTV 平台。例如,2006 年 8 月,CCTV-News 就以长城(欧洲)平台的打包形式进入 IPTV 首先在法国播出,这是长城平台首次以此形式落户播出。另一种途径是依托中国网络电视台(CNTV)的网络资源,接入 CCTV-News 的直播信号,在互联网或手机平台上进行推广。

CNTV 是在 CCTV 建设国际一流媒体战略推动下,于 2009 年年底在原有央视网的基础上开通建成的。目前,"已建设网络电视、IPTV、手机电视、移动电视、互联网电视五大集成播控平台,通过部署全球镜像站点,已覆盖全球 190 多个国家及地区的互联网用户,并推出了英、西、法、阿、俄、韩 6 个外语频道以及蒙、藏、维、哈、朝 5 种少数民族语言频道,建立了拥有全媒体、全覆盖传播体系的网络视听公共服务平台"。② 截至 2013 年年底,在电脑端,网站日均独立用户4,152 万户,较 2012 年年底的 1,880 万户增长了 121%;月度独立用户总数 5.6亿户,较 2012 年年底的 4.1 亿户增长了 37%。在移动端,"央视影音"客户端 CBox 下载用户数突破 2.1 亿,较 2012 年年底的 1.2 亿户增长 75%,其中 PC

---

① BBC 官网:http://advertising.bbcworldwide.com/home/mediakit/reachaudience/bbcworldnews。
② CCTV 官网:http://www.cntv.cn/special/guanyunew/PAGE13818868795101875/index.shtml。

端 1.7 亿次,移动端 4,130 万次,并以每周超过 200 万次的新增下载量增长,用户覆盖亚洲、欧洲、北美、非洲等 190 多个国家和地区。在智能电视端,IPTV 业务总体用户数较 2012 年年底增长了 28%,互联网电视业务总体用户数较 2012 年年底增长了 279%。①

应该说,在数字化应用方面,BBC 一直走在世界前列。早在 1998 年,它就推出了第一个数字频道——BBC 选择(BBC Choice)(此频道于 2003 年被 BBC3 代替)。2002 年 10 月,BBC 推行免费收费模式(Freeview),掀起英国数字革命的新高潮,在很短时间内就取得不俗成绩。据 Ofcom 2006 年 6 月统计,Freeview 订户数量首次超过传统模拟电视家庭数量,全英共有 710 万家庭使用 Freeview,而传统模拟用户只剩下 640 万户。② 与此同时,BBC 还于 2002 年年初推出 3 个数字频道:CBBC、Cbeebies、BBC4。

最能体现 BBC 数字成就的,当属它的网上视频点播平台 iPlayer 和由 BBC 主导的英国 IPTV 电视平台——YouView。关于 BBC iPlayer,一个经常被引用的数据是:在 2011 年,英国人通过该平台点播视频节目的次数达到了 20 亿次。考虑到英国的人口只有 6,000 万左右,这个数字的确相当惊人。③ 至于 YouView 平台,它将互联网的功能引入了普通电视机,使得电视的功能被大大拓展,未来有可能彻底改变英国人的收视习惯。

BBC 在数字化方面取得的成功为 BBCWN 催生了新的用户群体。根据 BBCWN 的直属上级公司 BBC 全球新闻的数据,在 2013 至 2014 年度,其新闻内容的数字触达(digital reach)增长了 25%,其中 bbc.com 由 3 月的 0.96 亿有效浏览量(unique browsers)创造出 13 亿页面浏览量的纪录,成为 BBCWN 观众增长的重要驱动力。④ 如今,BBCWN 已经把自己定位为一个多媒体的内容提供商,同时为电视、网络和手机平台提供国际新闻信息。

---

① 《中国广播电视年鉴(2014)》,中国广播电视年鉴编辑部 2014 年版,第 175 页。
② 唐亚明、王凌洁:《英国传媒体制》,南京日报出版社 2007 年版,第 193 页。
③ 王菊芳:《BBC 之道:BBC 的价值观与全球化战略》,生活·读书·新知三联书店 2013 年版,第 334 页。
④ BBC 官网:http://www.bbc.co.uk/annualreport/2014/executive/finances/commercial.html? source_url =/annualreport/2013/executive/finances/commercial.html#section – 3。

根据 Alexa 网站 2014 年 9 月 8 日的实时监测数据，bbc.com 的全球综合排名为 145 位，[①]访问用户的区域分布率依次为美国 26.8%、印度 6.8%、加拿大 4.6%、澳大利亚 3.2%、尼日利亚 3.0% 等；而 CNTV 的全球综合排名为 512 位，访问用户的区域分布率依次为中国 92.9%、美国 1.5%、韩国 0.9%、日本 0.6%、香港 0.5% 等。由此可见，CNTV 的受众分布还主要集中于本土，本土以外的受众比例为 7% 左右，其受众的国际化分布还远低于 bbc.com。

此外，在国际社交媒体的利用方面，由于政策限制等原因，CCTV-News 还主要使用国内社交媒体，对国际社交媒体的利用较少。截至 2014 年 9 月 12 日，在 Facebook 上，CCTV-News 的粉丝数为 14.6 万多，而 BBCWN 粉丝数超过 784 万；在 Twitter 上，CCTV-News 共发布 8,000 条推文，拥有 2.7 万多粉丝，而 BBCWN 发布推文 17.8 万条，拥有粉丝数超过 730 万，是 Twitter 上内容分享最多的国际新闻机构。

## 第四节 传播战略及品牌塑造比较

### 一、CCTV-News 的品牌发展战略

CCTV-News 的品牌发展战略，是在 CCTV 整体品牌建设的框架内运行的。2005 年，CCTV 开始实施"频道品牌化"战略，提出"由频道专业化向频道品牌化转变"，正式拉开频道品牌建设的序幕。2010 年，在建设国际一流媒体的宏观战略下，其"频道品牌化"战略也随之发展到一个新的高度。

除进一步提出"增强市场竞争力、提升频道品牌价值"的目标外，CCTV 还专门成立了海外传播发展中心，作为海外品牌推广的主要责任部门将品牌建设的辐射范围延伸到了海外市场。而 CCTV-News 的品牌传播和发展，正是这一阶段工作的重点。

---

① 这里需要指出的是，BBC 另有一个版本的网站 bbc.co.uk，其全球综合排名为 62 位，bbc.com 是主要用于国际推广的商业网站版本。

(一) CCTV - News 的品牌定位：中国观点、东方视角、国际化表达

从 2000 年 9 月 CCTV - 9 成立到如今的 CCTV - News，CCTV - News 的品牌定位历经了数次改变。这一方面是中国对外电视传播理念变迁的体现，另一方面也是 CCTV - News 对自身形象、功能以及发展方向进行探寻的结果。

综合来看，CCTV - News 的品牌定位主要呈现出以下几点趋势：

第一，从"宣传"向"传播"定位转变。由于中国媒体特殊的"喉舌"定位，国际电视频道更需要承担对外宣传的职能，这从早期 CCTV - 9 等国际频道被通称为外宣频道就可以看出。CCTV - 9 成立之初就被定位为"让世界了解中国的窗口"，注重"以我为主"，对外宣传中国、引导海外舆论等。而现在强调的"国际化表达"则是这样一种传播观念的体现：淡化政治色彩，遵循新闻传播规律。从"宣传"到"传播"的转变，是 CCTV - News 在不违背基本定位的前提下，对现代国际传播语境变化的一种策略性选择。

第二，从"中国"向"亚洲"定位转变。从品牌的区域角度分析，作为"让世界了解中国的窗口"，CCTV - 9 最初显然是立足于中国，2004 年改版后重新定位为"全球的视角""世界的窗口"，这无疑将传播立足点扩大到了全球范围。2010 年再度改版，CCTV - News 最终定位为"东方视角"，并提出"You Link to Asia"（为你链接亚洲）的宣传口号，这实际上是对 CCTV - News 品牌区域定位的再修正。作为亚洲强国，中国有责任也有能力向世界传递亚洲的声音。在这个前提下，CCTV - News 作为中国对外传播的主流平台，理应成为亚洲媒体的典型代表。这不仅是出于对自身地缘政治身份提出的要求，更是它区别于其他国际新闻频道的区域定位选择后的结果。

第三，从轻言论到注重"中国观点"的转变。"实践证明，在国际舆论舞台上，新闻是最直接的获得话语权的有效方式。因此，要突出中国的声音，有效争夺话语权，靠的是在国际舞台上，在国际重大事件的报道中发出自己的声音。"①

---

① 范昀：《从 CCTV - NEWS 改版谈对外传播思路》，《电视研究》2010 年第 9 期。

早期CCTV-9受条件所限不得不以各大国际通讯社为主要信息来源,原创内容的缺乏严重影响了其自身观点的表达,甚至一度成为"国内英语爱好者学习英语的工具"。2010年,CCTV-9改版为CCTV-News,新闻立台的理念得以正式确立,再加上建设国际一流媒体战略的推动,强化了其国际新闻报道的全球布局,积极介入热点事件、突发事件,并注重中国立场以及"中国观点"的表达,从而大大提升了其在国际上的话语权,有利于其国际传播品牌的构建。

(二)CCTV-News现阶段的主导战略:本土化

本土化是国际营销的重要战略之一,通常指跨国公司通过产品制造、人力资源、品牌建设、营销手段等多方面的本土化,以适应当地环境的方式获得更大发展空间的营销战略,其理论支点在于"各国有自己独特的文化,不同国家与地区的消费者处于不同的文化背景中,由于长期的潜移默化,在语言、信仰、爱好、习俗等方面都存在着差异,面对这种文化差异造成的不同消费行为,国际品牌在进入一个国家和地区进行传播时,其广告策略、表现方式、品牌个性策略等要迎合当地的文化传统特性和审美口味而采取差别化策略,使品牌与当地的社会文化环境有机地融合起来"。①

以CCTV非洲分台的创建为例,时任非洲分台上级主管、央视外语频道总监的范昀指出,成立于2012年1月11日的非洲分台是CCTV"实施本土化发展战略的第一块试验田……建立了以外籍团队为主体的节目生产体系,发展成为国际媒体中唯一能够在非洲本土每天制作并直播新闻的电视媒体机构"。② 目前,非洲分台在CCTV-News开办的栏目包括《非洲直播室》《对话非洲》《非洲人物》和《全球财经》等。

根据范昀的总结,非洲分台"本土化发展战略"的具体措施主要包括三个方面:一是节目内容本土化,即在非洲报道非洲,提高CCTV非洲新闻竞争力;二

---

① 尹春兰:《品牌传播的全球化与本土化策略》,《经济问题》2004年第7期。
② 范昀:《从"走出去"到"走进去":CCTV-NEWS本土化发展战略》,《电视研究》2013年第7期。

是制作团队本土化,让非洲人报道非洲,开创国际报道新模式;三是传播渠道本土化,推动植入式落地播出,提高传播有效性。由此可见,非洲分台的本土化战略已经是贯穿于从产品生产到制作团队以及销售策略等诸多环节相对成熟的国际营销战略,有利于 CCTV 国际品牌在非洲本土市场的拓展。

结合前文来看,目前 CCTV - News 的发展目标大致分为两步:首先,是成为一个立足中国、代表亚洲的区域性国际新闻品牌,并以提供差异化服务,即"中国观点",为其区别于西方新闻媒体的主要特色;其次,在这个基础上,再进一步发展成为代表欠发达国家或东方国家,挑战以西方国家为主导的国际传播秩序,力争成为和 BBCWN、CNNI 等一流媒体比肩的全球性国际新闻频道品牌。目前,CCTV - News 的发展还处于第一步。

从具体的实践来看,CCTV - News 实施本土化战略最突出的表现还在于其节目制作团队和运营团队的本土化,在制度上主要通过外籍员工聘用制来予以保障。从 2003 年正式聘用第一位外籍主播起,到 2009 年年底开始试用海外特约报道员,目前 CCTV - News 的外籍员工已遍布所有工作岗位。以北京本部的外籍员工为例,变化最大的是工作岗位,从以改稿专家和播音员为主到频道顾问、制片人、执行制片人、记者、策划、撰稿人、通联编辑、视频编辑、演播室主管、多媒体编辑、视觉创意等全方位覆盖,几乎全面介入了新闻采编和节目生产各个环节。[①]

其中,海外特约报道员是 CCTV 聘用外籍员工最多的岗位。2010 年,CCTV 仅拥有 8 名海外当地雇员,占当年海外员工总数的 5.9%;2011 年,海外雇员猛增至 118 人,比上年增长了近 14 倍;2012 年,海外雇员增至 152 人,占当年海外员工总数的 34.8%(见表 4 - 18)。尤其是仅用一年时间,CCTV 就完成了在亚洲国家报道网络的基本布局,实现了在所有亚洲国家都聘用当地特约报道员的目标,这对于 CCTV - News 实现亚洲区域定位无疑是非常重要的一步。

---

① 朱焱:《CCTV NEWS 里的外籍雇员:发展轨迹与现实动因》,《对外传播》2014 年第 2 期。

表4-18　2008—2012年CCTV海外员工发展状况

| 年度 | 台派海外记者数 | 海外当地雇员数 | 海外员工总数 |
| --- | --- | --- | --- |
| 2008 | 59 | 0 | 59 |
| 2009 | 87 | 0 | 87 |
| 2010 | 127 | 8 | 135 |
| 2011 | 254 | 118 | 372 |
| 2012 | 285 | 152 | 437 |

最后需要指出的是,本土化战略对于CCTV-News有着特别的意义。由于先天的语言劣势,采取本土化战略是CCTV-News实现语言对接、降低文化折扣的重要策略,同时对CCTV-News品牌在全球的推广无疑也是最具现实意义的战略选择。

## 二、BBCWN的品牌发展战略

可以说,BBC最重要的力量就是其品牌力量。益普索集团(Ipsos)最新调查显示,目前在欧洲富裕人口中选择BBCWN和bbc.com作为日常新闻提供商的人数正逐年上升。在报道覆盖及记者区域分布方面,BBCWN超过其他任何国际新闻媒体;而在亚太地区,BBC是成长最快的国际新闻品牌,在高收入人群中排名第一,其中,BBC在澳大利亚和印度是排名第一的国际新闻品牌,在新加坡、印度和中国台湾地区按季度是成长最快的新闻品牌,BBCWN在香港基于日常触达数据持续成为主流电视频道,在澳大利亚其年度成长速度是CNN和Sky新闻频道的三倍。[①]

(一)BBCWN的品牌定位:"新闻第一"、公信力、把英国带给世界

BBCWN最早成立于1991年,发展至今其频道呼号和品牌定位几经变迁。首先是作为"BBC世界服务"的电视业务而存在的BBC WSTV,后于1995年拆

---

① BBC官网:http://www.bbc.co.uk/mediacentre/search? lang=en&term=ipsos。

分为以独立面貌出现的 BBC World,最后于 2008 年改版为现在的 BBCWN。它还相继提出一系列基于自身品牌定位的口号,包括 2000 年的"全面理解"、2002 年的"更广阔的视野"、2005 年的"新闻第一"、2008 年的"问题的力量"和 2013 年的"体验故事"等。

综合看来,BBCWN 的品牌定位可以总结为以下几点:

第一,"新闻第一"——BBCWN 品牌的基本定位。

自创立之初,BBCWN 就以 CNNI 为主要竞争对手,并始终将"新闻第一"作为最基本的频道定位。这从它 2005 年启动的、至今仍影响深远的"新闻第一"品牌定位活动就可以得到印证。时任 BBC World 市场主管的安纳贝尔·卡梅伦(Annabel Cameron)评价,"新闻第一"强调了"BBC World 的主要品牌价值。真实地报道一个事件,需要你从每个角度来理解。本次活动的主旨就在于传达该频道是如何坚持把新闻放在第一位,以及如何为全球观众提供深度、精准、公正的报道和分析的"。① 此后,BBC World 更名改版,从频道名称上确认其新闻的基本定位;而相继开展的"问题的力量""体验故事"等品牌活动都不过是在"新闻第一"的框架下,对 BBCWN 内在品牌价值的更深层次挖掘。

第二,公信力——BBCWN 品牌的核心价值定位。

公信力是影响媒体传播效果最重要的价值要素。在继承母公司 BBC 既有声誉的基础上,BBCWN 也一直强调公信力的核心价值定位。例如在 2002 年"更广阔的视野"品牌活动中,BBCWN 就"提醒观众 BBC 具有国际声誉的公正性和专业性,能够确保对每一个故事、每一个观点进行平衡的、充分的检验"。② BBCWN 的合作方也曾针对 2005 年"新闻第一"的品牌活动指出,"这次活动是关于追寻新闻真相和相应行动的,像它在现实中发生的那样,并不仅仅为达到讲故事的目的。正如新闻本身,它也是关于真相和客观性的"。③ 而在 2008 年

---

① BBC 官网:http://www.bbc.co.uk/pressoffice/bbcworld/worldstories/pressreleases/2007/05_may/pnf.shtml。
② BBC 官网:http://www.bbc.co.uk/pressoffice/pressreleases/stories/2002/11_november/21/world_adcampaign.shtml。
③ BBC 官网:http://www.bbc.co.uk/pressoffice/bbcworld/worldstories/pressreleases/2007/05_may/pnf.shtml。

"问题的力量"活动中,BBCWN制作了两个品牌宣传片:第一个是《无可奉告》(*No Comment*),该宣传片声称没有任何团体、政府或个人有权利进行新闻审查,强调即使在困难的情境下BBC记者仍然对于新闻内涵的坚持;第二个是《问题杀手》(*Killer Questions*),关注于采访,指出问题是"我们拥有的最强有力的武器"。① 可见,致力于独立、真实、公正地报道新闻以及媒体公信力的建设,一直是BBCWN品牌的核心价值定位。

第三,把英国带给世界——BBCWN品牌的特殊定位。

根据2007年"皇家宪章",BBC增加了一项新的公共目标——"把英国带给世界,把世界带给英国"。对以提供国际新闻服务为主要职责的BBC全球新闻来说,无疑"在履行此项公共目标的前一部分'把英国带给世界'上居重要地位,而电视、广播和网络的国内服务,其重要性则在'把世界带给英国'方面,此外,加强BBC国际和国内部门之间的合作,对该公共目标的实现也日益重要起来"。② 2013年,BBCWN联合BBC在线启动的最新一次的品牌活动"体验故事"就强调了这一特殊定位,"我们的记者和主持人所体验的这些最震惊、最恐惧甚至改变命运的时刻,使他们有能力将这些经历直接带给我们的观众"。③ 换句话说,BBCWN现在不仅重视提供新闻本身,还注重与之相关的"英国经验""英国观点"的输送。

(二)BBCWN现阶段的主导战略:全球化

全球化或标准化,是国际营销中相对于本土化来说的又一重要战略,指"企业以全球市场为目标,其广告策略、表现方式、品牌个性形象等都采用统一化战略,通过品牌形象国际化元素的融入,以获取公众的认同与支持"。④ 比较来看,如果说本土化战略的要点在于差异化,注重满足消费者的个性化需求,那么全

---

① BBC官网:http://www.bbc.co.uk/pressoffice/bbcworld/worldstories/pressreleases/2008/09_september/power_of_questions.shtml。
② BBC官网:http://www.bbc.co.uk/aboutthebbc/insidethebbc/whoweare/publicpurposes/world.html。
③ BBC官网:http://www.bbc.co.uk/mediacentre/worldnews/live-the-story。
④ 尹春兰:《品牌传播的全球化与本土化策略》,《经济问题》2004年第7期。

球化战略的要点就在于标准化,注重消费者的共同需求。和本土化相比,全球化战略的优势在于可以有效降低营销成本,产生品牌传播的规模效益。

作为目前世界上传媒业的优势国家,"英国政府迫切地希望英国能够维持其在世界媒介舞台上的地位,也希望减轻 BBC 的资金压力。他们希望 BBC 在维持其国内核心地位的同时,成为一个全球化的媒介组织。许多想法都使得英国政府期望 BBC 能够在全球发展。第一,如果电视产品的市场能够充分扩大,那么不论节目的数量如何增加,BBC 也将有可能保持它现有的在节目制作上的资源优势。第二,如果英国的国内市场已经饱和,那么让 BBC 的英国产品去寻求更大的国外市场将是明智之举。第三,因为英语是英国的母语,所以 BBC 的产品比那些非英语国家的电视制片公司生产的产品具有一种内在的优势"。[①]

也就是说,和 CCTV - News 不同,BBCWN 现阶段以全球化为主导战略,这不仅是由它本身的品牌定位所决定的,也是和其整体的发展目标相一致的。BBCWN 一贯强调真实、客观、中性、均衡的新闻价值观,易于形成新闻产品的标准化和流通市场的统一化。同时作为传播者,其母语英语具有世界通用语的优势,进一步促进了受众市场的全球化发展。反过来,一个广阔的全球市场无疑是有利于 BBCWN 践行其"新闻第一"的基本定位,并促进媒体公信力和英国文化品牌在全世界的培养和推广。此外,作为一个商业频道,全球化战略也更有利于 BBCWN 扩大市场占有率,为公司获取更多的商业收入。

2008 年,BBCWN 正式以新的品牌在国际舞台上亮相,意味着对新闻"更敏锐的关注和对利润的转向"。时任 BBC 全球新闻部经理的理查德·萨姆布鲁克(Richard Sambrook)指出,"如果我们认为 BBC 应当成为世界领先的新闻机构之一,那么拥有一个全球品牌就是英国最好的机会"。[②]

2011 年 2 月,BBC 发布《BBC 的全球战略》(*The BBC's Global Strategy*),确认其三个方面的"全球使命":(1)通过让英国公众接触到世界上优秀的思想和

---

① 〔英〕露西·金-尚克尔曼:《透视 BBC 与 CNN:媒介组织管理》,彭泰权译,清华大学出版社 2004 年版,第 111 页。
② 卫报:http://www.theguardian.com/media/2008/sep/15/bbc.bbc。

人才以及多样的观点,来实现"把世界带给英国"的目标;(2)通过满足国际受众的需求,并在国际舞台上增加英国的影响,来实现"把英国带给世界"的目标;(3)为 BBC 增加经济收入。简而言之,BBCWN 的全球使命就是"把英国带给世界"和为 BBC 增加收入。

与此同时,BBC 全球新闻部门提出"更加全球化"战略,核心内容就是将 BBC 国际新闻的内容生产和运作模式变得更加全球化,从而使 BBC 持续成为"世界上最知名、最富有创意和最受尊敬的国际新闻机构"。举措之一就是将 BBCWN 和 BBC 在线重组合并,将传统媒介平台的影响力延伸到网络平台,实现和新媒体的数字化融合。

此外,2013 年 1 月,BBCWN 从西伦敦搬迁至市中心的 BBC 总部,和其他部门共同启用花费 10 亿英镑装修一新的新广播大厦。重新开播时,节目信号转为高清播出,各种设施和技术条件也随之更新换代,内容上更加关注日常和热点区域新闻,目的在于通过进一步提高节目质量赢得更多观众,尤其是那些高端市场的广告人和投资者。与此同时,BBCWN 得以和多语种广播服务部门进一步合作,分享后者丰富的新闻采集资源,形成真正意义上的"世界的演播室"。

总之,BBCWN 的全球化战略支持其发展成为一个全球性的新闻品牌,在承担品牌定位和推广的基础上,兼具商业运营职责,并在这二者之间努力构建一种彼此促进、互为发展的动态关系。

## 本章小结

本章就国际传播软实力的分析框架,对 CCTV - News 和 BBCWN 的"行为维度"进行比较。具体地说,就是在传播力理论的观照下,从传播的"内容""渠道"和"战略"三个角度,就相应的"传播内容及议程设置""传播渠道及受众覆盖"和"传播战略及品牌塑造"三个主题进行比较。

传播内容是大众传媒的基本构成要素,也是考察媒体传播力的重要环节。传播学观点认为,传播内容通常由媒体的议程设置予以呈现,而议程设置被认为是大众传媒影响世界的最主要方式。尤其是"对于那些远离信息源,对相关信息一无所知、无从判断的人,议程设置发挥作用的余地就更大一些。跨国信息传播或国际传播即是如此",①但"议程设置的效果在极大程度上是由媒介报道的特点决定的,只在极小程度上是由这些消息的接收者的特点决定的"。②

通过分析,CCTV - News 和 BBCWN 在传播内容及议程设置方面的差异主要表现在:CCTV - News 以"中国观点、东方视角、国际化表达"为品牌定位,在国际报道中追求中国观点以及东方视角的呈现,对国内报道则加强国际化表达,同时重视对亚洲区域的报道,这有利于 CCTV - News 对新闻的个性化解读,形成差异性的新闻产品;而 BBCWN 基本属于全球报道定位,热衷于追踪全球热点新闻事件,并强调对新闻事件的均衡报道,有利于打造其标准化的全球新闻产品。

传播渠道是大众传媒的另一基本构成要素,是考察媒体传播力的又一重要环节。传播渠道的建设,往往最终体现为受众的覆盖状况,既包括数量上的,也包括质量上的。反过来,受众的覆盖状况也可用来衡量传播渠道建设的成效。截至目前,CCTV - News 的受众覆盖仅就数值来说,和 BBCWN 还有一定差距,原因大致概括为以下几点:一是 BBCWN 的传播渠道建设可追溯至 BBC 的国际广播时代,其从一开始就分享了母公司强大的海外采集系统;二是 BBCWN 以母语英语为传播语言,不存在 CCTV - News 所面临的语言转换问题;三是 BBCWN 积极推进数字化转型,在新媒体的开发和利用上也取得了较为明显的成果。

传播战略是大众传媒作为市场主体参与竞争的宏观策略,也是从经济角度衡量媒体传播力的重要环节。传播战略有助于新闻品牌的塑造,在当前传媒业竞争加剧的情况下,往往成为媒体在市场竞争中制胜的关键。"对外电视频道应该在品牌建设上做到:首先,建立先进的频道文化,强化频道的理念识别;其

---

① 程曼丽:《论"议程设置"在国家形象塑造中的舆论导向作用》,《北京大学学报(哲学社会科学版)》2008 年第 45 卷第 2 期。
② 〔美〕马克斯韦尔·麦库姆斯:《议程设置:大众媒介与舆论》,郭镇之、徐培喜译,北京大学出版社 2008 年版,第 57 页。

次,借助活动推广频道品牌;此外,还要强化频道品牌的个性。"[1]

对比 CCTV - News 和 BBCWN 的品牌定位,它们都强调了各自作为国际新闻频道的基本定位以及基于本国立场的个性化定位。例如 CCTV - News 目前比较注重立足于中国和亚洲的区域品牌定位,而 BBCWN 则延续了一贯立场,即着重发展成为一个全球的新闻品牌。鉴于品牌定位的不同,CCTV - News 现阶段以本土化为主导战略,而 BBCWN 则主要采用全球化战略。

---

[1] 李宇:《中国电视国际化与对外传播》,中国传媒大学出版社 2010 年版,第 182 页。

# 第五章　CCTV 和 BBC 国际新闻频道的传播认同比较

认同维度是国际传播软实力能否发挥作用的关键维度,主要用来衡量一个国家的国际传播活动在国际上的认可度。对 CCTV-News 和 BBCWN 这两个国际新闻频道来说,就是能否得到国际社会的认可或者获得国际受众的普遍赞同。这其中的影响因素主要集中于新闻操作层面和权力运作层面,本章就主要从这两个层面入手进行比较分析。

## 第一节　认同的含义与国际传播认同

"认同(identity)"一词最早源于拉丁文"Idem"(相同),其词源学上的含义为"同一性",既表示两个事物之间的相同或同一,也表示同一事物在时间跨度上的一致性或连贯性。作为学术概念,"认同"首先由西方心理学家威廉·詹姆斯(William James)和弗洛伊德提出,因此具有较强的心理学色彩。

从社会学角度来看,"认同"具有个体和社会两个层面的含义:在个体层面,认同是个人对自我的社会角色或身份的理性确认,是个人社会行为的持久动力,英国社会学家安东尼·吉登斯(Anthony Giddens)的"自我认同"概念就属于这个层面;而在社会层面,认同指社会共同体成员对一定信仰和情感的共有和分享,是维系社会共同体的内在凝聚力,法国社会学家埃米尔·涂尔干(Émile Durkheim)的"集体意识"或"共同意识"就属于这一层面。

建构主义发展了认同的观点,指出认同的形成是社会建构的结果,是"基于他人的社会承认之上的一种自我表象,这种自我表象的内容要和其他行为体对该行为体的再表象取得一致性"。换言之,个体从他者眼中获知自我的身份,身份存在于和他者的关系之中。集体认同是认同发展的高级阶段或高级形式,在这一过程中,认同跨越了行为体的"知识"边界,从"自我"延伸到"他者",再将他者纳入自我的身份界定中,从而建立起更为广泛的身份或利益的共同体。

概而言之,认同具有以下特点:一是,认同是社会性的,是一种集体行为,认同根源于个人与他者之间的关系;二是,认同是动态的、自然发生的,认同会发生变化,具有可塑性;三是,认同是客观社会存在与个体意识作用相结合形成的,既是个体意识作用的结果,同时也依赖客观社会存在的一些条件。[①]

当人类社会发展到全球化时代时,认同逐渐超越了民族国家范畴而建立起国际集体认同。认同的性质也随之发生了变化,从最初注重血缘、种族以及与民族国家相对应的民族、国土等物质结构的概念,越来越转向观念结构的发展趋势。

当然,观念认同并不等同于事实上的社会认同,但观念的作用正在国际集体认同的形成中变得日益重要起来。在这个意义上,建构主义的认同理论就是"在承认国际社会物质结构的前提下,重点强调影响和决定国家行为的是由文化传统、价值观念及其行为规范构成的社会结构,并着重研究行为主体与社会结构之间的互动关系"。[②]

引申到国际传播领域,简单地说,国际传播认同就是一国的国际传播活动在国际上的认可度,或者一国的传播活动获得国际集体认同的过程。按照建构主义的观点,能否实现国际传播认同取决于国际传播者和"他者"——国际受众之间的互动关系,在和国际受众共享"知识"(国际信息)的过程中,国际传播者逐步完成自我身份的构建,并同时建立起包括国际受众在内的国际传播共同体。根据软实力理论,国际传播认同是实现国际传播软实力的一个关键条件。

---

① 李素华:《对认同概念的理论述评》,《兰州学刊》2005 年第 4 期。
② 乔卫兵:《认同理论与国家行为》,《欧洲》2001 年第 3 期。

然而,国际传播认同之所以形成,除了受新闻操作层面因素的影响外,还不得不考虑其背后的权力要素,龚铁鹰为此引入了"认同性权力"的概念。他提出,"软权力中的认同性权力与建构主义的认同不完全一致。认同性权力主要是指国际关系中的主导国家通过使得其他行为体认同其主导国身份而具有的权力。当然,对于没有共有知识的'异质'行为体,主导国家的认同性权力无论如何也难以发挥其效力。如果说建构主义的认同是行为体之间的相互认同,那么软权力中的认同性权力则是主导国家依靠自身的影响,获得具有共有知识的行为体的认同,在这些行为体中获得领导地位,从而主导正式的联盟"。[①] 也就是说,作为国际关系在传播领域的一种折射,国际传播不可能不受到权力运作的影响,结果往往是那些在权力结构中处于优势地位的国家,它们所拥有的具有国家代表性的媒体更容易在国际社会上获得认同。

由此,本章将主要从新闻操作和权力运作两个层面,对 CCTV – News 和 BBCWN 的传播认同进行比较。由于上一章的"传播渠道及受众覆盖比较"一节中两个频道的观众(用户)数据,在某种程度上可以用来佐证它们的传播认同状况,因此本章不再做过多的数据对比,而把重点放在阐释影响两个频道传播认同背后的因素方面。这里主要选取新闻操作层面上的"新闻专业主义""公信力"以及权力运作层面上的"价值观"和"意识形态"这几个关键要素进行分析。

## 第二节 新闻操作层面的认同比较

### 一、新闻专业主义

新闻专业主义(Journalistic Professionalism)首先诞生于美国,随着 19 世纪中后期美国政党报刊解体及独立报刊兴起,新闻专业主义作为行业规范开始登上历史舞台。1947 年,美国哈钦斯委员会发布的《一个自由而负责的新闻界》

---

① 龚铁鹰:《论软权力的维度》,《世界经济与政治》2007 年第 9 期。

报告指出,新闻专业主义已发展成为整个西方新闻业的圭臬。

早在1907年,英国全国新闻协会的"职业道德条例"就已对新闻专业主义进行了明确的表达和保护。首先,维护新闻自由得到重申,这是英国新闻界反复强调的首要原则;其次,强调新闻记者的报道必须公正、真实和准确,记者必须尽最大可能防止因不准确报道造成伤害;最后,记者必须区别事实和观点之间的不同,做到不偏不倚。① 可见,新闻自由(或指媒体的独立性)和客观公正从一开始就被认为是新闻专业主义的两大核心原则。

然而,BBC确立新闻专业主义的过程并非一帆风顺,其确定在很大程度上得益于首任总经理约翰·瑞思的不懈努力。"可以说,是1926年对全国大罢工的报道,使得其公共服务的创制开始得到全社会的认可,并且由此奠定了它协会内部的专业主义及其与社会良性互动关系的建构基础。"②概而言之,BBC最终确定的新闻专业主义既和源自美国的新闻专业主义思想一脉相承,又独具特点,这主要体现为BBC所创立的非商业而又独立于政府的公共广播体制,以及与之相对应的一整套公共服务理念。

具体到BBCWN,它的新闻专业主义大致可以概括为两点,即独立的制度设计和专业的报道策略。首先,作为一个商业运营的电视频道,BBCWN不享有执照费收入,完全靠订阅费、广告费等商业收入维持运营,这不同于BBC其他的国内电视频道,在制度设计上进一步强化了其独立地位。其次,在报道策略上,BBCWN遵循BBC《制作人准则》(2004年7月修订版)中关于"新闻专业价值"的规定③:勇于发掘,独立、公正的新闻就像是BBC的基因。无论报道或行事,应该永远让观众觉得信赖。身处越来越多元且分众的社会,BBC需保持开放的立场,让观众感觉BBC新闻是开放且诚实地报道世界上发生的事。公正无偏见的报道帮助人们理解每个新闻事件;面对任何争议话题,每个相关且重要的声音都要给予说话的权利,甚至包括那些令人不舒服的疑问。

---

① 李书藏:《冲突、妥协与均衡》,中国社会科学出版社2011年版,第98页。
② 李书藏:《冲突、妥协与均衡》,中国社会科学出版社2011年版,第105页。
③ 唐亚明、王凌洁:《英国传媒体制》,南方日报出版社2007年版,第188页。

BBCWN承诺遵守Neil报告(2004年6月)确立的5项新闻编辑价值,并且毫不妥协,包括事实与正确、为公众利益服务、公正与多元观点、独立和负责任。并且,《制作人准则》还强调"要公平面对任何一方,包括消息来源、被指控者甚至是观众。不论在海外任何地方,都必须注意这些原则"。① 正如上一章对BBCWN传播内容所做的分析,BBCWN的平衡报道做得相当出色,这无疑是新闻专业主义在报道策略上的体现。

BBC全球新闻部门主管彼特·霍罗克斯(Peter Horrocks)还曾在2011年4月发表的《更加全球化》演讲中指出,"绝对公正的报道也许很难做到,但对它的追求仍然促使我们继续努力,把这样的报道带给我们庞大的用户群体。我们意识到一些观众需要特别视角的新闻,但作为一名全球公民,为什么只给你自己提供一个角度去看新闻呢?用一种专业的、非偏见的视角提供一系列观点,仍然为人们所重视,这也是对互联网上'噪音'的一种重要补充"。②

对照我国,新闻专业主义作为舶来品,是伴随着19世纪末第一批外国传教士来华创办最早的近代报刊而逐步被引进来的。改革开放后,新闻专业主义一度成为理论界、业界讨论的热门话语,一些有价值的理念在我国新闻改革的语境下,被我国的传媒体制包容和接纳,并内化为新闻工作者的专业行为。但不同的社会历史发展条件以及新闻实践决定了新闻专业主义不可能原封不动地从西方移植到我国。纯粹的西方理念在我国的土壤里,只会不可避免地遭遇"水土不服"的困境。

有学者的相关研究显示,"党管的新闻媒体作为宣传主体的基本状况没有根本改变,许多市场化的媒体淹没在了追逐利益的大潮之中,在政治宣传体制和商业传媒体制的双重制约下,新闻专业主义只有碎片和局域的呈现……所谓碎片呈现,就是说在不同语境被共同强调的只是操作技能和表现手段上的专业水准以及实践中的专业伦理,但专业主义的其他成分或被扭曲,或被忽略,尤其是那些涉及媒体的社会功能和角色,新闻从业者的社会角色和责任,新闻生产

---

① 唐亚明、王凌洁:《英国传媒体制》,南方日报出版社2007年版,第190页。
② BBC官网:http://www.bbc.co.uk/pressoffice/speeches/stories/horrocks_journalism.shtml。

中的社会控制的成分。所谓局域呈现,可由两个方面来说。首先,专业主义话语被局限在新闻业务领域,而不被允许作为整合专业社区的意识形态和确立独立专业人格的社会控制模式而发生作用……其次,专业主义的普适性内涵被赋予了'中国特色',因为它在新闻从业者的实践中,被渗入了中国知识分子入世、启迪民智的传统和新闻改革的现实矛盾"。①

这种情况同样适用于CCTV。作为以"党、政府和人民的喉舌"为定位的国家电视台,尽管近年来已逐步淡化了其在国际宣传话语上的政治表达,但它对新闻专业主义的运用,同样和西方媒体是根本不同的。胡智锋在总结CCTV《新闻调查》栏目的成功经验时指出,它"得益于理性、客观地认识自身所处的媒介现实,从借鉴西方同行的专业技能和制作理念出发,在此基础上对具体业务层面之上的形而上的价值观念加以本土化改造,从而创造出一套新的话语体系和影像形态,在政治、经济和社会三者的博弈中生存下来"。②

由此可见,中国的新闻专业主义更多的是西方专业主义思想和中国具体的新闻实践相结合的产物,或者说是新闻专业主义本土化的结果,进而衍生出一系列适合中国国情的新闻专业主义理念。在这个意义上,有学者指出,"在现阶段,中国并不需要完全西方化的新闻专业主义,需要的是紧密结合中国传媒实践的新闻专业主义。它是在宣传体制和市场体制并存的传播体制内的新闻专业主义"。③

作为中国国家电视台的旗舰国际频道,CCTV – News成功地将新闻专业主义的一些操作理念嫁接到了其业务层面。例如,在报道策略上,CCTV – News日益强调专业主义的报道手法,尤其是更名改版后,它的平衡报道水平已经有了相当大的提升,主要表现为"在新闻内容上:一是做到了立足中国,放眼世界(地域覆盖广);二是注重正负面新闻的平衡(态度中立性);三是新闻题材中意识形

---

① 陆晔、潘忠党:《成名的想象:社会转型过程中新闻从业者的专业主义话语建构》,《新闻学研究》2002年第4期。
② 胡智锋:《"新闻专业主义"的"本土化"途径——写在央视〈新闻调查〉十周年之际》,《广告大观(媒介版)》2006年第4期。
③ 樊昌志、童兵:《社会结构中的大众传媒:身份认同与新闻专业主义之建构》,《新闻大学》2009年第3期。

态/政治价值呈现不再过于浓重(主题多元化)。在消息来源引述方面尽量达到官方、权威人士、民众、当事人以及专家学者声音的平衡"。①

## 二、公信力

在某种程度上,公信力是新闻专业主义自然延伸的结果。新闻传播领域的公信力研究,最早可追溯至20世纪30年代查雷(Charnley)对报纸信息准确性的研究。随后,耶鲁大学的霍夫兰(Hovland,C.I.)等人在20世纪50年代进行了关于消息来源可信度影响说服效果的研究,并首次提出了考察信息来源可信度的两个基本维度:专业技能和可信赖,这对后世媒体公信力的相关研究产生了重大影响。

1988年,美国学者梅耶(Meyer)在实验方法的基础上,提出了测量"报道可信"的维度:可信度和社会归属。其中,可信度的衡量指标包括公正、无偏见、完整、准确和可信赖五项,成为西方经典的媒体公信力研究指标体系。

国内早期相关研究中具有开拓意义的,当属1982年由中国社会科学研究院新闻研究所和首都新闻学会共同发起的北京地区受众调查。此外,比较有代表性的是2004年喻国明就"我国大众媒介公信力的现状与问题"在北京做的小样本访谈调查,并由此提出公信力评价的三个基本维度:(1)媒介作为社会分工体系下的专业主义特质,即所有的与媒介完成社会所要求的功能与角色扮演相关的品质,如客观、公正、及时、平衡、全面、深刻等,这是形成媒介公信力的基础。(2)公众对于媒介的社会角色期待的中心指向。(3)公众对媒介社会角色扮演的感知与认同。② 也就是说,喻国明强调我国公众对公信力的评价既有和西方标准一致的一面,也有因社会结构、时代发展、主观认知等的不同而呈现的变化的一面。

2009年,雷跃捷课题组以问卷调查、访谈调查等方式,就"我国广播电视传

---

① 黄煜、郑越:《CCTV-NEWS与平衡报道》,《电视研究》2010年第9期。
② 喻国明:《大众媒介公信力理论初探——兼论我国大众媒介公信力的现状与问题》,《新闻与写作》2005年第2期。

媒公信力研究"的课题,对中国广播电视的公信力状况进行调查。研究发现,"中央级广播电视媒体在各方面得到高认可度,无疑与中央级媒体在媒介市场和行政级别中的垄断地位相关,也和其强大的资源优势有关,还和其品牌效应以及广大的忠诚受众群密不可分"。①

概括而言,中西方媒体的公信力认同都包括客观公正的报道立场和与之相配套的一系列客观性报道手法,但对媒体和权力之间关系的期待,则存在较大分歧。

在西方新闻实践造就的一个最大的神话——"第四权力"的浸染下,公众对媒体的期待是免于政府干预,成为权力的制衡者、社会的"瞭望者"。因此,是否独立于政府是公众判断新闻媒体是否值得信任的首要标准。在中国,"媒介扮演的更多的是政府代言人的角色,人们对于媒介的期待更多的是对它的政府职能的一种期待。所以,'政府权威性'是首选的一个维度。民众对于媒介的信任,更多的是出于对媒介政治身份的信任,是透过媒介对政府权威的信任"。②因此,独立性并不是人们评判媒体公信力的重要标准,甚至在很多情况下,媒体的行政级别越高,在重大信息发布方面的权威性就越高。在这种情况下,依据不同的公信力认同体系构建起来的新闻媒体,对公信力的评判就很难说是完全一致的。

不可否认,信息时代里的"信誉"是至关重要的,这对在异质文化的受众市场上激烈竞争的国际新闻频道来说,更是不可或缺的。因此,在不同的社会语境下对公信力进行再认识是很有必要的。在这里,我们不妨以 CCTV 和 BBC 为例,大致归纳一下它们在公信力评价方面的主要分歧:

第一,关于媒体和政府之间关系的问题。在西方社会,媒体的独立性以及它与政府之间的距离,往往成为人们评判公信力的首要标准。这尤其突出表现在跨文化传播的语境下,由于语言和文化上的差异与隔膜,人们通常疏于对传

---

① 雷跃捷、沈浩、薛宝琴:《我国广播电视媒体公信力的受众认知调查与研究》,《现代传播》2012 年第 5 期。
② 喻国明:《大众媒介公信力理论初探——兼论我国大众媒介公信力的现状与问题》,《新闻与写作》2005 年第 2 期。

播内容进行充分研究就轻易做出判断。例如,有西方媒体就曾对 CCTV 和 BBC 的公信力做出如此评价:"证据表明,软实力总是在人们相信它的时候发挥作用,在这方面,BBC 应该是处于优势地位的。BBC 世界服务下一年的资助模式将转为执照费收入,不再保有外交部拨款,它的'一臂之距'的定位被强化了……反过来,人们相信 CCTV 吗? 事实是它不再那么强硬地声称其作为中国'喉舌'的定位,证明它已意识到了这个宣传的问题。"[1]

第二,关于对外传播中的报道口径问题。长久以来,我国的对外传播事业遵循"统一口径"的报道原则,这有利于塑造一个正面和统一的国家形象,同时也有利于在复杂多变的国际政治形势中,为国家发展营造有利的舆论环境。但西方媒体对此却并不认同,它们认为媒体应努力呈现来自社会各阶层、各利益集团的多元观点,而不应只是对官方的观点予以呈现,否则不利于打造一个令民众信服的媒体。例如,BBC 全球新闻部门的主管彼特·霍罗克斯(Peter Horrocks)就曾说过:"CCTV 声称目的在于对国际事务发出来自中国视角的声音,并打破西方话语对国际新闻的垄断。这也许能很好地吸引那些想以多元角度理解世界的观众,尤其是针对中国的影响力正日益增长的区域。但我怀疑,世界上的大多数人会想从一个'一边倒'的媒体来获取全球观点吗?"[2]

第三,关于对内、对外报道立场的问题。对内、对外选用不同的报道立场,即"内外有别",曾是中国行之有效的外宣原则。"在那种以意识形态为主要划分依据的世界中,中国与世界的相互隔绝是常态,交往则是非常态的。因此,国外受众在隔绝状态下只有通过中国的外宣机构来了解中国,这样他们就变成了有组织的国外受众,国内外的大众传媒是有可能在这些有组织的国外受众心目中建构一个'想象的共同体'的。"[3]但全球化时代改变了这种状态,国际受众被赋予多种途径来了解中国。在这种情况下,"内外有别"正逐渐失去其存在的现实依据,媒体如果仍一味坚持对外"报喜不报忧",对负面议题"视而不见",在

---

[1] 卫报:http://www.theguardian.com/media/media-blog/2013/nov/13/bbc-broadcasters-tony-hall-worldwide-audience-cctv-al-jazeera。
[2] BBC 官网:http://www.bbc.co.uk/pressoffice/speeches/stories/horrocks_journalism.shtml。
[3] 李彦冰:《我国对外传播"内外有别"原则的困境与出路》,《声屏世界》2010 年第 5 期。

重大或敏感问题上缺席,极有可能演变为信息的"内外不一致",从而影响人们对媒体公信力的评判。

## 第三节　权力运作层面的认同比较

### 一、价值观

价值观是人们看待世界的观念体系,它存在于各种形式的信息传播之中。正如我们一再强调没有真正"客观"的新闻,所有标榜客观公正的新闻传播背后都不可避免地存在渗透着各种价值观的隐形权力的运作。

英国卡迪夫大学的丽娜·丹席克(Lina Dencik)就曾在关于BBCWN的批判研究中指出:"对BBCWN新闻实践的研究,突出了一些关键点,包括BBCWN如何在日益增强的经济压力下对全球性议题所进行的解释和呈现,这不仅体现为一种明显的国家偏见和西方精英视角,还包括一种持续的国家中心的秩序和全球新闻的范畴。"①

在分析造成这种新闻媒体价值渗透的原因时,丽娜指出,"BBCWN的演播室位于伦敦的这一事实,对于理解影响全球新闻议程设置的'新闻文化'以及形成这种议程设置的制度依赖的重要性,是一个很关键的因素,虽然这看起来并不明显。传播机构的地理位置对新闻工作者理解新闻的选择过程,有一种隐秘但明确的影响,尽管一些记者、实际上大多数管理者都削弱了这个因素。作为一个英国广播机构,BBCWN不仅是BBC的延伸,还是分享共识的一个整体,民主政治从一开始就是影响员工理解他们的工作和角色的重要因素"。②

反过来,也有学者针对CCTV - News提出相应观点,"很明显,CCTV国际频道(CCTV - News)表现出来的特点,是一个服务于党和政府的'喉舌'以及作为全球性新闻频道应具备的功能的综合体现。它在新闻上对官方声音的高度依

---

①② Lina Dencik,"What global citizens and whose global moral order? Defining the global at BBC World News",*Global Media and Communication*,2013 9:119,p.126.

赖以及对官方机构的高度呈现,一部分是(CCTV – News)作为中国传媒体系附属机构,代表党和政府利益的直接结果。另一部分,也是对任何权力体系中新闻系统的中介作用的一种反映"。①

由此可见,无论是 CCTV – News,还是 BBCWN,都不可否认是本国主流价值观念在某种程度上的产物,它们作为国际新闻频道参与全球竞争,不仅仅表现为单纯的信息争夺,还意味着价值观的渗透与干预,这突出反映在异质文化与文明传播之间的冲突上。从这个意义上来说,价值观无疑是影响国际传播认同在非新闻层面上的权力核心要素。

然而,迄今为止,由全球范围内的国际新闻竞争所引发的价值认同,都主要表现为对西方发达国家,尤其是英国和美国的国家核心价值观的认同。"在全球传媒体系中,英美价值观已经成了衡量行为等正常与否的标准(甚至是真理)。这是因为 CNN、BBC 等英美全球电视日益成为中心、美国在世界新秩序中所占据的中心地位。因此,英美记者认为他们的价值观是普世的真理,无懈可击,其中部分原因是出自于世界新秩序实质上是英美的霸权。用英美的价值观来衡量其他文化被当作是理所当然的。"②

比较而言,目前 CNNI、BBCWN 等西方大国媒体所传递的价值观,是由不平等的国际传播秩序决定的,成为全球支配性的价值观体系,以这种价值观的标准去对国际事务进行评判和解读,被认为是理所当然的和普遍正确的;而许多非西方国家媒体的价值观则往往被视为"他者",是需要被检验的,从而影响了这些媒体在国际传播中的价值认同。然而,"一旦全球化中这种对西方价值的认同危及非西方民族和国家的核心价值观,从而使这些民族和国家的人们陷入精神上无可归依的状态时,西方价值观普遍化诉求的合理性与合法性就会受到人们的质疑和诘问",③价值冲突也由此产生。

---

① JIRIK John, *The PRC's "going out" project:CCTV International and the imagination of a Chinese nation*,2008,pp.139 – 197.
② 〔美〕阿诺德·S. 戴比尔、约翰·C. 梅里尔编:《全球新闻世界:重大议题与传媒体制》(第五版),郭之恩译,华夏出版社 2010 年版,第 147 页。
③ 汪信砚:《全球化中的价值认同与价值观冲突》,《哲学研究》2002 年第 11 期。

就 BBCWN 和 CCTV - News 而言,二者的价值冲突,一言以蔽之,可以表述为西方普世价值观和社会主义核心价值观的差异,这突出表现在 BBCWN 对于人权法制、民主政治等新闻题材的偏爱。例如在上一章对 BBCWN 和 CCTV - News 黄金时段节目内容的对比分析中发现,BBCWN 非常重视这方面题材的报道。在节目监测期间,《今日世界新闻》栏目每天都播出大篇幅"加沙冲突"的主题报道,几乎无一例外地将视角置于对战乱中个人命运的关注上,以及由军事冲突所造成的各种人权侵害。此外,《今日世界新闻》还有一类以"人权"为关键词的新闻报道,在总体报道中占据相当大的比重,包括:"人权观察组织批美国钓鱼执法"(2014 年 7 月 21 日),"2014 年女孩峰会:救救女孩"(2014 年 7 月 22 日),"波兰被指协助 CIA 折磨基地嫌疑分子""苏丹叛教妇女获释"(2014 年 7 月 24 日),"美国非法儿童移民""彼得·雷格上诉"(2014 年 7 月 25 日)等。然而,CCTV - News 在报道中通常是淡化"人权"话语的使用的。

比较而言,社会主义核心价值观更强调与中国的现实国情相联系,"是一个内涵丰富、意蕴深厚的有机统一整体,马克思主义指导思想、中国特色社会主义共同理想、以爱国主义为核心的民族精神和以改革开放为核心的时代精神、社会主义荣辱观作为社会主义核心价值体系的基本内容"。[①] 2013 年 8 月,习近平主席在全国宣传思想工作会议上指出,要加强社会主义核心价值体系建设,倡导富强、民主、文明、和谐,倡导自由、平等、公正、法治,倡导爱国、敬业、诚信、友善,积极培育和践行社会主义核心价值观。

有国内学者对这两种价值观进行比较后指出,"普世价值是在继民主社会主义、新自由主义、历史虚无主义等思潮后新的'价值之争',都是在抽掉社会历史实践'内核'观念上的僭越,如同福山先生的'历史的终结'的意识形态偏见和文化陷阱,是从价值观上对我国意识形态建设方面试图进行的一种干扰和颠覆"。[②]

---

[①] 中央宣传部:《社会主义核心价值体系读本》,学习出版社 2008 年版,第 15 页。
[②] 侯勇、王建润:《论价值哲学视野下普世价值与社会主义核心价值体系的"破"与"立"》,《扬州大学学报(人文社会科学版)》2010 年第 4 期。

## 二、意识形态

意识形态是一个确确实实存在,而又很难被界定的概念。法国哲学家特拉西(Destutt de Tracy)最早于19世纪初提出这一概念,用来阐明"观念的科学"——最初只代表研究人的心灵、意识和认识的发生、发展规律与普遍规律的学说。特拉西之后,"意识形态"一词很快由西方马克思主义研究者发展成一个横跨理论与实践领域且极富争议性的政治学概念。

作为一种社会政治和观念体系的代表,意识形态具有两个明显特征:首先,它代表了对社会政治生活的一种整体的视角、价值承载者和行动指南;其次,不同的意识形态以不同的方式把概念串接起来,它们把某些概念置于对立的地位,其他概念则淘汰出局,不予重视。① 总而言之,意识形态是基于某种特殊价值观而形成的一整套思想体系,并被赋予了普遍性原则的特殊含义。

目前,由政治哲学所归纳的意识形态包括民族主义、自由主义、保守主义、社会主义、法西斯主义、无政府主义、女性主义等十几种。李继东在《英国公共广播政策变迁与问题研究》中指出,历史上对BBC产生重大影响的意识形态主要为现代自由主义、英国保守主义和新右派思潮等。其中,"现代自由主义是在资本主义制度的框架下,试图通过建立公共公司、国家干预和社会福利制度来匡正自由放任的自由市场主义所带来的弊端,而以瑞斯为代表的家长主义很好地实践和促进了公共所有制的模式,英国公共广播传统正是在这种价值理念下形成与发展的。这种思潮因其强调国家对私营媒介的规制和推行公共所有权而被称之为老左派,其核心目的是匡正19世纪以来由商业报业大亨和政党控制的报业所倡导的言论自由,以重构资本主义社会结构。而自撒切尔夫人执政以来,信奉市场原教旨主义的新右派运用自由市场竞争来打破公共垄断、削减国家干预,广电公共服务被理解为满足消费者的自由选择,所有消费者(个人)利益之和就是公共

---

① 〔英〕杰弗里·托马斯:《政治哲学导论》,顾肃、刘雪梅译,中国人民大学出版社2006年版,第283-284页。

利益,不同于老左派倡导的超越个人的共同利益"。①

BBCWN 成立之时,正值新右派思潮支配英国的主流意识形态时期,英国经济上推行新自由主义,政治上则奉行新保守主义。20 世纪末,为弥合二者在全球化过程中不断扩大的裂痕,布莱尔领导的工党执政期间出台了第三条道路理论,力图在国家与市场、左与右之间寻找新的平衡。BBCWN 正是在这种意识形态变迁的影响下,成为英国传媒领域"放松管制"的产物,其在国际市场上呈现出自由的一面,实行市场竞争和商业运营,却在国内市场上展现出保守的一面,从而确保国内的公共服务理念和公众利益。

然而,正如李继东指出的那样,英国不存在老左派与新右派之间真正的对立,二者的分野不过是一种相对的观念;老左派不否认资本主义制度和自由市场本身,新右派也并未废弃国家和政府,它们的对立"更多的是体现在与前苏联为首的共产主义阵营的对抗上,以倡导自由市场和个人主义的西方自由民主理念来对垒强调中央计划经济和集体主义的社会主义理念"。②于是,当"冷战"结束后,两种思潮的对立也随之日渐式微了,第三条道路成为一条兼容并蓄的中庸之道。

作为社会主义国家的国家电视台,CCTV 恰恰是在和 BBC 截然不同的意识形态影响下创立并发展起来的。自新中国成立以来,中国共产党意识形态开始成为社会的主导意识形态,它包括理论意识形态和实践意识形态两部分。

其中,理论意识形态是核心理念,是规定是非对错的道德伦理价值,是洞察意识形态内部关系的本质理性;而实践意识形态则是行动的工具,规定行为及其预期直接效果的规则和规范,给予个人以具体行动的原则和方法。③由此,中国共产党意识形态可归入马克思列宁主义的普遍真理与中国革命、建设及发展的具体实践相结合的意识形态范畴。

以改革开放为分界点,中国共产党意识形态可分为前后两个阶段,发展主题也由"革命"过渡到"建设"和"发展",其意识形态变迁对传媒的作用表

---

①② 李继东:《英国公共广播政策变迁与问题研究》,中国传媒大学出版社 2007 年版,第 74 页。
③ 李继东、胡正荣:《中国政治意识形态与传媒改革:关系与影响》,《新闻大学》2013 年第 4 期。

现为"毛泽东思想建构了中国媒介的基本制度,是对新中国成立前传媒制度的变革;邓小平理论开启了传媒的商品化、市场化和资本化,形成了'一元制度二元运作'体制模式,三个代表和科学发展观完善和丰富了这一体制"。①

以 CCTV 的发展为例,在以毛泽东思想为主的发展阶段,意识形态的管控作用极强,大众传媒一律服务于意识形态且被意识形态高度控制。这从根本上决定了 CCTV 的国有广播体制和"喉舌"定位,其第一属性表现为社会主义宣传工具,是党和政府高级别的"思想战线"和"舆论阵地",并一度成为"阶级斗争的工具"。而在第二个阶段,邓小平理论成为主导性的中国共产党意识形态,在一定程度上开辟了意识形态多元化的发展空间,CCTV 也由此开启了从纯粹的宣传机构到新闻机构的转型。其变化主要表现为:体制上开始实行二元运作模式,将市场化纳入事业发展的基本格局里;在功能上还原了大众传媒基本的信息功能,由新闻话语逐步替代宣传话语。

新旧世纪之交,中国共产党意识形态延续"发展"的宏观主题,并在全球化推动下呈现出了新的特点:一方面它以科学发展观重构意识形态体系,进一步开放话语空间,以积极的姿态投身意识形态的全球竞争;另一方面它以民族主义、爱国主义等话语体系,占据社会主义意识形态的主导地位,CCTV – News 的国际传播发展,正是对这种意识形态特点的呼应。作为国家电视台的国际新闻频道,它无疑肩负着塑造中国的国家形象、参与国际舆论竞争以提升国家软实力、为实现中华民族伟大复兴和中国和平崛起宏伟事业做出应有贡献的使命。然而,在以西方媒体为主导的国际新闻传播格局中,CCTV – News 特殊的意识形态决定了其身份上的某种尴尬,特别是一种不同于其他竞争者的规定性,包括国有制、"喉舌"定位和"党管媒体"原则等,使得它在西方主流话语的观照下不禁显得有些另类。

---

① 李继东、胡正荣:《中国政治意识形态与传媒改革:关系与影响》,《新闻大学》2013 年第 4 期。

## 本章小结

本章从国际传播软实力分析框架中的"认同维度"出发对 CCTV – News 和 BBCWN 进行比较,具体来说,就是从新闻操作和权力运作两个层面,对影响 CCTV – News 和 BBCWN 传播认同的"新闻专业主义""公信力""价值观"和"意识形态"等关键因素进行分析。

从新闻操作层面来看,正如黄旦对新闻专业主义思想史梳理后指出的那样,"从新闻专业主义立场始,最终带来的是对新闻专业主义思想及研究的解构",[①]新闻专业主义发展至今,其理论上的悖论也是显而易见的。此外,包括哲学、媒体本身的价值立场以及社会控制力量的运作,都直接否定了新闻专业主义赖以存身的基石——"客观性"的现实存在。那么,由"客观性"延伸而来的媒体的"独立性",其价值诉求还有多少科学性可言?至少在理论层面就值得商榷。因此,在这种情况下,以新闻专业主义为标准对国际新闻频道的公信力进行评价,无疑也是值得商榷的。

从权力运作层面来看,在国际传播的视野中,由价值观以及基于价值观的意识形态构成的"观念上的权力",往往与政治、经济、文化和技术等多种力量共同构筑起具有鲜明政治色彩的国际权力结构。而大众传媒和权力之间的同构性会深刻影响二者的关系,国际权力结构因而成为制约国际新闻格局的重要因素。

进入新世纪以来,"二战"后兴起的民族主义、盛行于西方的新自由主义以及具有中国特色的社会主义,成为全球化视野下最具影响力的三大意识形态。尤其是近年来,中国经济持续快速发展,一跃成为世界第二大经济体,"中国共识""中国模式"开始为世界所瞩目,具有中国特色的社会主义因而成为推动国际权力结构变迁的重要意识形态力量。在当今国际新闻竞争的格局里,作为新

---

① 黄旦:《新闻专业主义的建构与消解——对西方大众传播者研究历史的解读》,《新闻与传播研究》2002 年第 2 期。

自由主义代表的 BBCWN 和中国特色社会主义代表的 CCTV - News,无疑复制了权力结构的基本序列,即作为非西方媒体代表的 CCTV - News 正从边缘位置向处于中心地位的 BBCWN 等西方大国媒体发起挑战。

这体现在传播认同上,也就是说,BBCWN 在有利的国际权力结构下,较早在国际社会建立了由西方传播观念主导的"想象的共同体"。作为西方媒体的代表,BBCWN 高调宣扬自由、客观和独立等新闻专业主义理念,并以此强化对西方媒体公信力的认同。比较而言,CCTV - News 等非西方媒体起步较晚,不平等的国际权力结构造成了这些非西方媒体在国际新闻格局中的不利地位,其不同于西方的新闻理念也在一定程度上影响了西方社会对它们的认同。但随着国际权力结构的变迁,尤其是近年来中国国际影响力的大幅提升,这种状况也正在发生变化。

# 结 语

美国著名国际传播学学者罗伯特·福特纳曾经指出,从某种意义上,所有的国际传播都带有政治色彩,要么是公开带有政治性质,要么是隐含有政治色彩。而政治因素之所以跨越国家和民族的界限,是因为不加控制的信息传播威胁到了知识垄断这一政权统治的基础。[①] 由此,国际传播和政治的关系不言而喻。

然而,随着"二战"以后国际局势发生变化,国际传播的语态正经历一个"去政治化"的过程,这体现在战争及"冷战"环境下的宣传话语逐步由新闻话语所取代。自20世纪80年代CNN取得成功之后,以国际新闻频道为载体的传播已俨然成为最重要的国际传播形态之一。在其诞生和发展的最初阶段,CNNI、BBCWN等西方大国的国际新闻频道几乎垄断了全球舆论,直到半岛电视台创办并引起关注,非西方国家才终于撬开国际舆论全球垄断的缺口。新世纪以来,包括CCTV-News在内的更多非西方国家的国际新闻频道纷纷加入国际新闻竞争行列,国际传播的政治属性也在愈演愈烈的国际新闻大战中日益凸显出来。但显然,此时的国际传播已由罗伯特·福特纳所说的"公开的政治传播"过渡到了"隐含的政治传播"阶段。

从国际关系视角看,这个阶段也正是约瑟夫·奈所强调的"软实力"时代,与"硬实力"时代有所不同的是,国与国的竞争不再主要依靠军事威逼和经济利

---

① 〔美〕罗伯特·福特纳:《国际传播:全球都市的历史、冲突及控制》,刘利群译,华夏出版社2000年版,第8页。

诱等强制性手段，而主要采取输出价值观、文化和制度等产生同化作用，或剔除了利益交换的国家之间的认同等方式，来最终达到影响他国的目的。这显然是一种更深远、更稳固，也更省力地提升本国国家实力的公共外交方式。约瑟夫·奈软实力理论最大的价值正在于提醒人们时代主题的变迁，以及在新的时代主题下国家竞争的战略转型。在这种时代背景下，以国际新闻频道为载体，以议程设置为手段，将国际新闻报道影响全球舆论的方式作为媒体外交，无疑是提升国家软实力的重要路径和策略选择。

本书选取 CCTV - News 和 BBCWN 这两个分别在中国和英国最具代表性的国际新闻频道，在软实力的视角下进行比较，以透视中英两国电视媒体国际传播软实力的异同。其更深远的意义还在于，揭示了国际传播——主要是国际新闻频道这种形式是如何演变成为一种国家软实力的。本书借鉴了约瑟夫·奈和其他软实力学者的观点，并结合国际传播的相关理论，提出一个由资源维度、行为维度和认同维度构建而成的国际传播软实力的分析框架，着重从传播制度、传播力和传播认同三个层面对 CCTV - News 和 BBCWN 进行对比分析。

研究认为，首先，CCTV - News 和 BBCWN 是在不同历史条件、不同文化背景以及不同意识形态支配下诞生和发展起来的国际新闻频道，这造就了它们迥异的传播理念和发展实践，并在此基础上创建了不同的新闻传播体制。这应是对它们展开比较研究的逻辑起点。其次，国际新闻传播的发展离不开人才、管理、资金和技术等多方面的支持。比较来看，BBCWN 的国际传播起步较早，这主要得益于母公司 BBC 在国际广播时代已取得的成就，使它在成立之初就站在一个相对较高的位置上，更因为英国作为一个西方老牌资本主义国家，很早就建立起在世界范围的语言优势、经济优势和技术优势等，由此发展出世界一流的国际传播力。除此以外，建立在新闻价值和普世价值之上的传播认同问题也是影响两个国际新闻频道软实力转化的重要因素。

认同，是关于信任的议题。决定信任与否，表面上看是一个心理过程，本质上是一个权力争夺的过程；它既有着相对一致、普适的标准，又有着因历史和现实发展、因力量对比而呈现出的非理性的一面。从这个角度来看，BBCWN 以西方标准构建并完善了新闻专业主义的衡量和评价体系,并由此获得国际认同,同时意识形态的参与作用强化了这种基于认同形成的不平等的国际传播格局。在这个意义上,CCTV-News面对的不仅仅是一个简单的认同问题,而是一个已逐步固化下来的强大的西方权力体系的问题。

由CCTV-News和BBCWN的个案比较研究,我们已大致建立起对中英两国电视媒体国际传播发展的基本认识,并明确了国际传播软实力对于国家整体实力提升的重要意义。在当前以"和平"和"发展"为时代主题的形势下,没有什么比软实力建设对确保国家利益、世界发展以及全球共识更具有启发意义的了。

2013年8月,习近平主席在全国宣传思想工作会议上特别针对外宣工作指出,要着力推进国际传播能力建设,创新对外宣传方式,加强话语体系建设,着力打造融通中外的新概念、新范畴、新表述,讲好中国故事,传播好中国声音,增强国际话语权。2013年12月,习近平主席在中共中央政治局第十二次集体学习时提出,提高国家文化软实力,关系"两个一百年"奋斗目标和中华民族伟大复兴"中国梦"的实现,为此,他再次强调"要加强国际传播能力建设"。2014年8月,在中央全面深化改革领导小组第四次会议上,习近平明确指出要"着力打造一批形态多样、手段先进、具有竞争力的新型主流媒体,建成几家拥有强大实力和传播力、公信力、影响力的新型媒体集团,形成立体多样、融合发展的现代传播体系"。由此可见,党和国家最高领导人已充分认识到国际传播发展的重大战略意义。提升国家软实力,不仅关系到社会主义文化强国的建设,还关系到"中国梦"的实现。

就目前以CCTV-News为代表的中国电视媒体的国际传播软实力发展现状,本书提出如下建议和发展思路:

首先,在坚持制度自信的前提下,积极推进国际传播的理念创新、手段创新。改革开放以来取得的巨大成就证明,中国所开创的具有中国特色的社会主义制度是成功的,对这一点要积极肯定。但制度自信,并不意味着故步自封。在国际传播领域,坚持中国现有的国际传播制度根本不变的同时,积极推进传播观念和传播手段的创新,努力创造更加灵活和易于接轨国际的对外传播机制;坚持以社会效益为主,兼顾经济效益,建立集约化、效率主导的现代企业运营模式。

其次,继续深化"新闻立台"改革,遵循新闻传播的基本规律,以真实、客观、及时和均衡的新闻专业主义标准进行国际新闻报道,确保在全球重大及热点事件上不缺席、不回避,主动参与对国际议题的设置和对国际舆论的引导,并在话语的呈现上尽量采取多元主义的报道框架,提供当事人、利益攸关方和来自国际社会的多种观点,改变长期以来形成的"一个声音""官方观点"的局面。总之,要从新闻实践的角度,努力打造媒体的公信力和建立广泛的传播认同。

再次,加强社会主义核心价值体系和核心价值观的宣传,弘扬主旋律、传播正能量;要努力挖掘中华传统文化中积极的、有价值的内容,并融合马克思主义的核心思想,进一步完善具有中国特色、民族特性和时代特征的社会主义核心价值体系,在"自由""民主"和"人权"等西方普遍关注的议题上展开对话,加强沟通和理解,争取在重大及核心问题上达成共识、消除误解,改变价值观领域由西方向中国单向输入的状况。

最后,大力推进社会主义意识形态建设,为国家硬实力的建设创造良好的国际舆论环境,同时以硬实力来强化软实力在国际上的认同,软实力和硬实力协同作用,最终促进国家整体实力的提升。在国际传播领域,要从最现实的角度增强具有中国特色社会主义意识形态的说服力、吸引力和凝聚力,抢占意识形态制高点,改变当前不合理的国际权力结构,进而通过权力运作,改变当前的国际传播格局,为中国的国际传播发展和软实力建设争取更有利的发展空间。

本书将软实力视角运用于以国际新闻频道为代表的国际传播研究,是对国家宏观发展战略的呼应,同时有助于揭示和分析国际传播软实力转化的重要性和内在规定性。但目前,国际传播和软实力的交叉研究还比较欠缺相应的理论构建,本书虽然尝试对一些关键概念进行梳理,对软实力和国际传播二者的关系进行分析,并结合前人研究,初步提出一个国际传播软实力的分析框架,但受研究水平所限,许多论述还不够严谨,观点也不够成熟,在此期待后续研究的进一步完善。

# 致　谢

本书是在我的博士论文基础上扩充而成的。2013年年底,我由学校委派赴英国诺丁汉特伦特大学开展为期一年的访学活动,在此期间,通过查阅资料、实地考察以及和同行交流,完成了此论文。如今,在即将付梓成书之际,除了感谢母校中国传媒大学对我的培养,并提供宝贵的访学机会,还要特别感谢我的导师原中国传媒大学副书记、现中华女子学院院长刘利群教授。

刘老师常说,师生是一种难得的缘分。2006年,我投身刘老师门下,迄今已逾十年了。十多年师生缘分,是我人生中最重要的一段经历。作为学者,刘老师无论在国际传播还是性别传播领域都建树卓越。2000年她翻译出版的《国际传播:全球都市的历史、冲突及控制》至今仍是国际传播研究的经典著作;而她一手创办并领导的联合国教科文组织教席——中国传媒大学媒介与女性研究中心,在传媒、女性主义和性别传播等领域均做了大量开创性研究。作为师长,刘老师谦和、温暖、平易近人,让我总能得到她真诚的鼓励和无私的帮助。关于本书,刘老师倾注了大量心血,从选题的确定、框架的修改到最后成稿,提出了不少真知灼见,高屋建瓴地指出问题所在,让我在学术的迷途中醍醐灌顶。可以说,没有她的悉心指导,就没有本书的面世。

此外,诚挚感谢我所属的中国传媒大学实践实验教学中心所给予的巨大支持,感谢乔保平、刘杰锋和宣宝剑等各位领导一直以来他们都以最开明的态度、最无私的胸怀,不断地为中心的老师们创造和谐、宽松的工作氛围和多元化、持续性的发展空间。

"谁言寸草心，报得三春晖"，最后深情感谢我的父母，你们始终给我最无私的爱与最无限的包容，让我无比幸运地得以自主选择我的人生道路，无论顺畅与曲折，无论痛苦与欢笑，都有你们在我身后耐心地等待、坚定地支持与默默地奉献，让我无时无刻不感受到亲情最伟大的力量。有人说，养儿育女的过程就是目送儿女的身影渐渐远去，而我不知不觉间已经走得这么远了，但我的心永远与你们同在，我对你们的爱历久弥新。

谨以此书献给我爱的人和爱我的人，献给过往岁月里难忘的时光。

# 附录一

# CCTV – News 和 BBCWN 节目表

(2014 年 7 月 8 日,星期二)

**CCTV – News 节目单　2014 年 7 月 8 日(星期二)**

| 上午时段(00:00 – 12:00) | | 下午时段(12:00 – 24:00) | |
|---|---|---|---|
| 00:00 | 整点新闻(News Update) | 12:00 | 新闻一小时(News Hour) |
| 00:30 | 旅游指南(Travelogue) | 13:00 | 今日话题(Dialogue) |
| 01:00 | 非洲直播室(Africa Live) | 13:30 | 东方(Story Board) |
| 02:00 | 全球财经(非洲版)(Global Business) | 14:00 | 整点新闻(News Update) |
| 02:30 | 今日话题(Dialogue) | 14:30 | 发现(Journeys in Time) |
| 03:00 | 整点新闻(CCTV America) | 15:00 | 整点新闻(News Update) |
| 03:20 | 中国 24 小时(China 24) | 15:30 | 体育报道(Sports Scene) |
| 04:00 | 整点新闻(CCTV America) | 16:00 | 财经亚洲(Biz Asia) |
| 04:30 | 东方(Story Board) | 16:30 | 自然(Nature and Science) |
| 05:00 | 整点新闻(CCTV America) | 17:00 | 整点新闻(News Update) |
| 05:30 | 今日话题(Dialogue) | 17:30 | 旅游指南(Travelogue) |
| 06:00 | 整点新闻(CCTV America) | 18:00 | 非洲直播室(Africa Live) |
| 06:20 | 中国 24 小时(China 24) | 18:30 | 文化报道(Culture Express) |
| 07:00 | 热点(The Heat) | 19:00 | 整点新闻(News Update) |
| 07:30 | 整点新闻(CCTV America) | 19:30 | 今日话题(Dialogue) |
| 08:00 | 财经亚洲(美洲版)(Biz Asia America) | 20:00 | 中国 24 小时(China 24) |
| 09:00 | 整点新闻(CCTV America) | 20:40 | 体育报道(Sports Scene) |
| 10:00 | 整点新闻(News Update) | 21:00 | 财经亚洲(Biz Asia) |
| 10:30 | 东方(Story Board) | 21:40 | 整点新闻(News Update) |
| 11:00 | 体育报道(Sports Scene) | 22:00 | 今日亚洲(Asia today) |
| 11:30 | 旅游指南(Travelogue) | 22:30 | 东方(Story Board) |
| | | 23:00 | 整点新闻(News Update) |
| | | 23:30 | 海客谈(Cross Over) |

(注:此节目单时间为北京时间。)

**BBC World News 节目单　2014 年 7 月 8 日(星期二)**

| 上午时段(00:00 – 12:00) | | 下午时段(12:00 – 24:00) | |
|---|---|---|---|
| 00:00 | Newsday | 12:00 | BBC World News |
| 00:30 | Asia Business Report | 12:30 | World Business Report |
| 00:45 | Sport Today | 12:45 | Sport Today |
| 01:00 | BBC World News | 13:00 | Impact |
| 01:30 | Asia Business Report | 13:30 | Impact |
| 01:45 | Sport Today | 14:00 | Impact |
| 02:00 | BBC World News | 14:30 | Football Focus |
| 02:30 | Asia Business Report | 15:00 | Global with Jon Sopel |
| 02:45 | Sport Today | 15:30 | Global with Jon Sopel |
| 03:00 | BBC World News | 16:00 | Global with Jon Sopel |
| 03:30 | HARDtalk | 16:30 | World Business Report |
| 04:00 | BBC World News | 16:45 | Sport Today |
| 04:30 | World Business Report | 17:00 | Outside Source |
| 04:45 | BBC World News | 17:30 | Focus on Africa |
| 05:00 | BBC World News | 18:00 | World News Today with Zeinab Badawi |
| 05:30 | World Business Report | 18:30 | World News Today with Zeinab Badawi |
| 05:45 | BBC World News | 19:00 | World News Today with Zeinab Badawi |
| 06:00 | BBC World News | 19:30 | World Business Report |
| 06:30 | World Business Report | 19:45 | Sport Today |
| 06:45 | BBC World News | 20:00 | Business Edition with Tanya Beckett |
| 07:00 | BBC World News | 20:30 | HARDtalk |
| 07:30 | World Business Report | 21:00 | BBC World News America |
| 07:45 | BBC World News | 21:30 | BBC World News America |
| 08:00 | BBC World News | 22:00 | Newsday |
| 08:30 | HARDtalk | 22:30 | Asia Business Report |
| 09:00 | BBC World News | 22:45 | Sport Today |
| 09:30 | World Business Report | 23:00 | Newsday |
| 09:45 | Sport Today | 23:30 | Asia Business Report |
| 10:00 | BBC World News | 23:45 | Sport Today |
| 10:30 | BBC World News | | |
| 11:00 | GMT with George Alagiah | | |
| 11:30 | GMT with George Alagiah | | |

(注:此节目单时间为 GMT 时间。)

# 附录二

# CCTV – News《整点新闻》和 BBCWN《今日世界新闻》节目内容监测表

(2014年7月21日至8月3日,周一至周五,19:00)

《整点新闻》(*CCTV News*)

**2014年7月21日(星期一)节目内容监测**

|  | 开始时间 | 内容/报道手段 |
|---|---|---|
| 导视片花 | 19:00:00 | |
| 第1条 | 19:01:06 | Ukraine Crisis:<br>Rebel leader says gov't troops trying to break into Donetsk; Ukraine gov't says military operation in "active phase" |
| 第2条 | 19:01:54 | Downing of Flight MH17:<br>1. Ukraine PM says no doubt plane was shot down and denies Ukrainian forces were responsible<br>(采访)<br>2. Dutch experts arrive to examine bodies in eastern Ukraine<br>(演播室视频连线记者/Kiev)<br>(演播室视频连线记者/Moscow)<br>3. Church services held across Holland for victims<br>(采访,记者出镜/Amsterdam) |
| 第3条 | 19:15:00 | Violence in Gaza:<br>1. Palestinian death toll in Gaza reaches 508; UN Security Council met to discuss rising civilian death toll<br>2. Palestinian President meets UN chief<br>3. UN chief calls for end to violence, move towards ceasefire |
| 第4条 | 19:18:54 | Iraq Attacks:<br>Baghdad hit by wave of suicide bombings<br>(记者出镜/Baghdad,采访) |

续表

|  | 开始时间 | 内容/报道手段 |
|---|---|---|
| 片花<br>广告 | 19:21:24 | |
| 第5条 | 19:23:49 | China – Venezuela Ties:<br>1. President Xi meets President Maduro<br>2. Xi jinping Visits Venezue: Third stop in Latin America aims to strengthen economic tie<br>(采访) |
| 第6条 | 19:27:26 | Typhoon Rammasun Aftermath:<br>Rammasun causes large economic loss in Hainan |
| 结束语<br>天气<br>预报 | 19:28:16 | |

(注：此监测表时间为北京时间。)

## 《整点新闻》(CCTV News)

## 2014年7月22日(星期二)节目内容监测

※ 本期节目为25分钟

|  | 开始时间 | 内容/报道手段 |
|---|---|---|
| 导视<br>片花 | 19:00:00 | |
| 第1条 | 19:01:06 | Xi Jinping Visits Cuba:<br>1. Chinese president begins last stop of 4 – nation tour<br>2. China eyes Cuban pharmaceuticals, capitalizing on Havana's opening economy<br>(采访,记者出镜/Havana) |
| 片花 | 19:04:22 | |
| 第2条 | 19:04:30 | Downing of Flight MH17:<br>1. Bodies of victims arrive in gov't – controlled Kharkiv<br>(演播室视频连线记者/Kiev)<br>2. Dutch public widely condemn treatment of victims' bodies<br>(记者出镜/Amsterdam) |

续表

|  | 开始时间 | 内容/报道手段 |
|---|---|---|
| 节目预告片花广告 | 19:11:38 | |
| 第3条 | 19:14:30 | Indonesia Election：<br>Joko Widodo heads toward win as Prabowo rejects process; Prabowo's fraud claims intensify tension in capital<br>（演播室视频连线记者/Jakarta） |
| 第4条 | 19:18:33 | Middle East Tensions：<br>1. US Secretary of State John Kerry in Cairo to broker ceasefire<br>（演播室视频连线记者/Cairo）<br>2. Israeli aircraft hit more than 70 targets in Gaza |
| 第5条 | 19:20:53 | Typhoon Matmo Approaching：<br>Matmo expected to hit Taiwan Tuesday night |
| 结束语天气预报 | 19:21:44 | |

（注：此监测表时间为北京时间。）

## 《整点新闻》(CCTV News)

### 2014年7月23日(星期三)节目内容监测

＊本期节目为25分钟

|  | 开始时间 | 内容/报道手段 |
|---|---|---|
| 导视片花 | 19:00:00 | |
| 第1条 | 19:01:05 | China – Cuba Ties：<br>1. Xi and Castro pledge to continue strong friendship<br>2. Chinese ambassador sees steady growth continuing<br>（采访）<br>3. Sino – Cuban Cooperation: Chinese solar power plant debuts Havana int'l Exhibition Ctr<br>（采访） |
| 片花 | 19:04:50 | |

续表

| | 开始时间 | 内容/报道手段 |
|---|---|---|
| 第 2 条 | 19:04:56 | Typhoon Matmo:<br>1. Matmo makes landfall on Chinese Mainland<br>2. Typhoon Matmo hits Taiwan |
| 节目预告<br>片花<br>广告 | 19:06:23 | |
| 第 3 条 | 19:09:13 | Downing of Flight MH17:<br>1. First coffins leave Ukraine for the Netherlands<br>2. MH17 Investigation continues:<br>Osce official: Human remains still at crash site<br>(记者出镜/Donetsk) |
| 第 4 条 | 19:11:55 | Ukraine Crisis:<br>Ukraine to impose sanctions on Russian individuals & firms<br>(口播新闻) |
| 第 5 条 | 19:12:25 | Conflict in Gaza:<br>1. Diplomatic efforts on, but no signs of a halt to fighting<br>(记者出镜/Gaza – Israel Border)<br>2. Israeli president calls Hamas terrorist group |
| 第 6 条 | 19:16:24 | Iraq's New Leadership:<br>Over 100 candidates voting for presidency<br>(记者出镜/Baghdad) |
| 第 7 条 | 19:18:02 | Indonesian Presidential Election:<br>Joko Widodo to become Indonesian president<br>(记者出镜/Jakarta) |
| 第 8 条 | 19:20:29 | Xiaomi's Market Position:<br>Fastest growing smartphone maker at crossroad<br>(采访,记者出镜/Beijing) |
| 结束语<br>天气预报 | 19:23:14 | |

(注:此监测表时间为北京时间。)

## 《整点新闻》(CCTV News)
## 2014年7月24日(星期四)节目内容监测

\* 本期节目为25分钟

| | 开始时间 | 内容/报道手段 |
|---|---|---|
| 导视<br>片花 | 19:00:00 | |
| 第1条 | 19:01:05 | Breaking News<br>Algeria Plane Crashes:<br>Flight from Burkino Faso to Algiers goes down in Niger |
| 第2条 | 19:02:10 | Taiwan Plane Crash:<br>Black boxes found damaged, French maker to help recover data |
| 第3条 | 19:03:38 | MH17 Flight Victims:<br>Plane with victims' remains set to leave Ukraine<br>(演播室视频连线记者/Hilversum Military Base) |
| 第4条 | 19:07:40 | Algeria Plane Crashes:<br>(电话连线记者/Algiers, Algeria) |
| 第5条 | 19:11:02 | Taiwan Plane Crash<br>(演播室视频连线记者/Penghu, Taiwan) |
| 片花<br>广告 | 19:13:58 | |
| 第6条 | 19:16:22 | Iraq Crisis:<br>UN chief arrives in Iraq, bomb blasts hit prison convey<br>(演播室视频连线记者/Baghdad) |
| 第7条 | 19:19:55 | Sansha Turns Two:<br>China's southernmost city strives for balanced development<br>(采访,记者出镜/Sansha City) |
| 结束语<br>天气预报 | 19:22:55 | |

(注:此监测表时间为北京时间。)

《整点新闻》(CCTV News)

**2014年7月25日(星期五)节目内容监测**

\* 本期节目为15分钟

|  | 开始时间 | 内容/报道手段 |
|---|---|---|
| 片花<br>开场白 | 19:00:00 |  |
| 第1条 | 19:00:20 | Ukraine Crisis：<br>Ukraine reports overnight rebel attacks on border<br>(演播室视频连线记者/Border region of Donetsk) |
| 第2条 | 19:03:05 | Downing of Flight MH17：<br>Human remains still being recovered at crash site<br>(演播室视频连线记者/Border region of Donetsk) |
| 第3条 | 19:04:35 | Algeria Plane Crash：<br>French president：one black box found, no survivors<br>(演播室视频连线记者/Paris) |
| 第4条 | 19:07:41 | Taiwan Plane Crash<br>(采访) |
| 片花<br>广告 | 19:08:36 |  |
| 第5条 | 19:11:03 | Israel – Palestine Tension：<br>Death toll rises to 808 |
| 第6条 | 19:12:12 | Gaza Conflict：<br>Israel and Hamas blame each other for attack on UN shelter<br>(记者出镜/Tel Aviv) |
| 第7条 | 19:13:44 | 1st Sino – Japanese War：<br>China marks 120$^{th}$ anniversary start of war with Japan |
| 结束语 | 19:14:45 |  |

(注：此监测表时间为北京时间。)

《整点新闻》(*CCTV News*)

**2014年7月28日(星期一)节目内容监测**

＊本期节目为25分钟

|  | 开始时间 | 内容/报道手段 |
|---|---|---|
| 片花<br>开场白 | 19:00:00 | |
| 第1条 | 19:00:49 | Israel – Gaza Conflict:<br>1. Official: Israel sees no need for another Gaza ceasefire<br>(记者出镜/Tel Aviv)<br>2. UN Security Council urges humanitarian truce<br>3. Palestinian, Israeli sides react to UN ceasefire statement<br>4. Obama calls for immediate Humanitarian ceasefire<br>(口播新闻)<br>5. China's envoy urges Israel – Palestine ceasefire |
| 片花<br>广告 | 19:07:55 | |
| 第2条 | 19:10:19 | Ukraine Crisis:<br>Death toll mounts as clashes intensify in eastern region<br>(演播室视频连线记者/Donetsk) |
| 第3条 | 19:17:10 | Air Algerie Crash Probe:<br>France mourns crash victims<br>(演播室视频连线记者/Paris) |
| 第4条 | 19:21:34 | World War one: 100 years on:<br>Serbia marks anniversary of war, calling for long – lasting peace<br>(采访) |
| 结束语<br>天气预报 | 19:22:42 | |

(注:此监测表时间为北京时间。)

《整点新闻》(CCTV News)

**2014年7月29日(星期二)节目内容监测**

＊本期节目为25分钟

| | 开始时间 | 内容/报道手段 |
|---|---|---|
| 片花<br>开场白 | 19:00:00 | |
| 第1条 | 19:01:02 | Breaking News:<br>Former Member of CPC leadership Probed:<br>Zhou Yongkang investigated for disciplinary violation(口播新闻) |
| 第2条 | 19:01:31 | China Canada FMs Meeting:<br>China – Canada FMs discuss economic, security issues<br>(记者出镜/北京) |
| 第3条 | 19:03:40 | Israel – Gaza Conflict:<br>1. Israeli airstrikes hit media building, gov't complex<br>(演播室视频连线记者/Gaza city)<br>2. Hamas militants kill 5 Israeli Soldiers<br>(口播新闻)<br>3. UN calls for unconditional humanitarian ceasefire<br>(记者出镜/New York) |
| 第4条 | 19:11:37 | Libya Tensions:<br>Oil depot catches fire amid clashes in Tripoli |
| 第5条 | 19:12:28 | Suicide Bomb in Afghanistan:<br>Attack kills President Karzai's cousin |
| 片花<br>广告 | 19:13:08 | |
| 第6条 | 19:15:36 | Ukraine Crisis:<br>At least 19 civilians killed in eastern Ukraine |
| 第7条 | 19:16:18 | Sanctions Against Russia:<br>US, EU to impose new sanctions on Russia this week<br>(记者出镜/Moscow) |
| 第8条 | 19:18:42 | Air Algerie Plane Crash:<br>French forces secure crash site in Mali |
| 第9条 | 19:19:28 | Anti – Trust Probe:<br>Chinese regulators investigating Microsoft |
| 第10条 | 19:20:18 | Eid Across China:<br>Muslims in China celebrate end of Ramadan |
| 结束语<br>天气预报 | 19:20:58 | |

(注:此监测表时间为北京时间。)

《整点新闻》(CCTV News)

**2014年7月30日(星期三)节目内容监测**

| | 开始时间 | 内容/报道手段 |
|---|---|---|
| 片花<br>开场白 | 19:00:00 | |
| 第1条 | 19:01:06 | Gaza Conflict:<br>1. Israeli airstrikes on houses, school in northern Gaza kill 43<br>(采访)<br>2. Israeli forces destroy fuel tanks of Gaza's only power plant<br>(记者出镜/Gaza)<br>3. Thousands of civilians killed in Conflict<br>(采访) |
| 第2条 | 19:06:19 | Ukraine Crisis:<br>1. Ukraine gov't troops push to retake MH17 crash site<br>(演播室视频连线记者/Kiev)<br>2. Sanctions on Russia<br>(演播室视频连线记者/Moscow)<br>3. OSCE observers begin monitoring border checkpoints |
| 第3条 | 19:13:36 | Downing of Flight MH17:<br>UK: Data from black boxes passed to Netherlands |
| 节目预告<br>片花<br>广告 | 19:14:15 | |
| 第4条 | 19:17:01 | Ebola Outbreak:<br>Suspected Ebola case in HK tests Negative<br>(电话连线记者/Hong Kong) |
| 第5条 | 19:19:27 | Africa Ebola Outbreak:<br>World Health Organization reports 672 deaths<br>(采访) |
| 第6条 | 19:22:26 | India Landslide:<br>5 dead, 150 feared trapped after torrential rains |
| 第7条 | 19:23:01 | "Hukou" System Reform:<br>China introduces guidelines for household registration reform |
| 第8条 | 19:25:01 | Iphone Security Concerns:<br>Researcher highlights access to personal data<br>(记者出镜/San Francisco, 采访) |
| 结束语<br>天气预报 | 19:27:20 | |

(注:此监测表时间为北京时间。)

## 《整点新闻》(CCTV News)
### 2014年7月31日(星期四)节目内容监测
\* 本期节目为25分钟

| | 开始时间 | 内容/报道手段 |
| --- | --- | --- |
| 片花<br>开场白 | 19:00:00 | |
| 第1条 | 19:01:07 | Israel – Gaza Conflict：<br>Israel calls up another 16000 reserve troops<br>2. Israeli PM vows to destroy all Gaza tunnels<br>3. civilians bear high cost of Israeli attacks<br>（采访） |
| 第2条 | 19:05:12 | Ukraine Politics：<br>Ukraine parliament rejects PM Yatsenyuk's resignation<br>（口播新闻） |
| 第3条 | 19:05:49 | Downing of Flight MH17：<br>Malaysia PM visits Netherlands to discuss securing crash site<br>（电话连线记者/The Hague） |
| 第4条 | 19:10:24 | Ukraine Crisis：<br>1. OSCE observers start work on Russia – Ukraine border<br>（记者出镜/Kiev）<br>2. Russia's efforts to de – escalate tensions in Ukraine<br>（电话连线记者/Moscow） |
| 节目预告<br>片花<br>广告 | 19:13:33 | |
| 第5条 | 19:16:22 | Ebola Outbreak：<br>Ebola virus kills 729 people in west Africa |
| 第6条 | 19:17:29 | India Landslide：<br>At least 30 people killed, 150 trapped in massive landslide |
| 第7条 | 19:18:37 | US – India Relations：<br>Kerry tries to iron out economic dispute with India |
| 第8条 | 19:19:48 | IMF on China's economy：<br>IMF: China's economy to grow 7.5% in 2014 |
| 第9条 | 19:20:50 | Bond Default：<br>Impacts of Argentina's bond default<br>（采访，记者出镜/New York） |
| 结束语<br>天气预报 | 19:23:11 | |

（注：此监测表时间为北京时间。）

《整点新闻》(CCTV News)

**2014年8月1日(星期五)节目内容监测**

\* 本期节目为25分钟

|  | 开始时间 | 内容/报道手段 |
|---|---|---|
| 片花<br>开场白 | 19:00:00 | |
| 第1条 | 19:01:07 | Taiwan Gas Blasts：<br>1. Gas leak explosions kill 25, injure 277<br>2. Xi Jinping mourns victims of Taiwan gas blast<br>(口播新闻) |
| 第2条 | 19:03:10 | Xinjiang Muslim Leader Murdered：<br>Two suspects killed, one in custody<br>(采访)<br>(电话连线记者/Kashgar) |
| 第3条 | 19:06:02 | Taiwan Gas Explosion：<br>Rescuers work overnight to search for survivors<br>(采访,记者出镜/高雄) |
| 片花<br>广告 | 19:08:29 | |
| 第4条 | 19:10:54 | Gaza Ceasefire Crumbles：<br>1. Israel military warns Gaza residents of renewed operations<br>2. 3-day humanitarian truce takes effect Friday morning<br>(采访,记者出镜/Tel Aviv) |
| 第5条 | 19:14:41 | Libya Tension：<br>2 killed as border guards fire on crowd |
| 第6条 | 19:15:53 | West Africa Ebola Crisis：<br>WHO announces $100m plan, death toll hits 729<br>(采访) |
| 第7条 | 19:17:52 | Ebola Vaccine：<br>US set to test Ebola vaccine on humans |
| 第8条 | 19:18:38 | Flight MH17 Downed：<br>Prime Ministers meet in the Hague<br>(记者出镜/The Hague, Netherlands) |
| 结束语<br>天气预报 | 19:21:32 | |

(注:此监测表时间为北京时间。)

### 《今日世界新闻》(*World News Today*)
### 2014年7月21日(星期一)节目内容监测

| | 开始时间 | 内容/报道手段 |
|---|---|---|
| 导视片花 | 19:00:00 | |
| 第1条 | 19:01:26 | Malaysia Airlines MH17 Crash<br>(记者出镜主持/Kiev)<br>(记者出镜/Torez)<br>(采访)<br>(视频连线记者/Moscow、New York)<br>The Investigation:<br>(采访)<br>(记者出镜主持/Kiev) |
| 第2条 | 19:16:52 | Gaza Conflict<br>(采访,记者出境/Gaza)<br>(记者出境/Israel,采访) |
| 第3条 | 19:23:04 | Human Rights Watch report alleging entrapment used by US Government to catch terrorists(无标题)<br>(演播室视频连线专家) |
| 结束语<br>天气预报 | 19:26:35 | |

(注:此监测表时间为英国夏令时。)

《今日世界新闻》(World News Today)

**2014年7月22日(星期二)节目内容监测**

| | 开始时间 | 内容/报道手段 |
|---|---|---|
| 导视片花 | 19:00:00 | |
| 第1条 | 19:01:00 | Breaking News:<br>Gaza Conflict:<br>Israel Flights Suspended<br>(演播室访谈) |
| 第2条 | 19:04:15 | Ukraine Plane Tragedy<br>(记者出镜主持/Kiev)<br>(记者出镜/East Ukraine,采访) |
| 第3条 | 19:10:13 | New EU Sanctions?<br>(记者出镜主持/Kiev)<br>(视频连线记者/Donestsk、Brussels) |
| 第4条 | 19:14:55 | Gaza Conflict<br>(记者出镜/ Gaza,采访)<br>(采访,记者出镜/ Israel Gaza border) |
| 第5条 | 19:20:20 | Girl Summit 2014,Saving Our Girls<br>(采访,记者出镜/ Girl Summit)<br>(演播室访谈) |
| 结束语<br>天气预报 | 19:26:13 | |

(注:此监测表时间为英国夏令时。)

《今日世界新闻》(*World News Today*)
**2014年7月23日(星期三)节目内容监测**

|  | 开始时间 | 内容/报道手段 |
|---|---|---|
| 导视片花 | 19:00:00 | |
| 第1条 | 19:01:04 | Malaysia Airlines MH17 Crash: Dutch in Mourning<br>(记者出镜主持/Eindhoven)<br>(记者出镜/Ukraine,采访)<br>(记者出镜主持/Eindhoven) |
| 第2条 | 19:09:53 | Questions raised why UK still selling arms to Russia(无标题)<br>(记者出镜/Westminster) |
| 第3条 | 19:11:45 | Taiwan Plane Crash(无标题)<br>(记者出镜/Taipei) |
| 第4条 | 19:13:24 | Gaza Conflict<br>(采访,记者出镜/Tel Aviv)<br>(演播室视频连线 UN官员/Geneva) |
| 第5条 | 19:19:45 | News in Brief:<br>Nigeria Explosion |
| 第6条 | 19:20:01 | News in Brief:<br>Ebola Virus |
| 第7条 | 19:20:16 | News in Brief:<br>Costa Concordia Cruiseship |
| 第8条 | 19:20:34 | Booker Prize Longlist<br>(演播室访谈) |
| 第9条 | 19:23:46 | Glasgow 2014 Commonwealth Games<br>(演播室视频连线记者/Glasgow) |
| 结束语天气预报 | 19:26:15 | |

(注:此监测表时间为英国夏令时。)

## 《今日世界新闻》(World News Today)
### 2014年7月24日(星期四)节目内容监测

|  | 开始时间 | 内容/报道手段 |
|---|---|---|
| 导视片花 | 19:00:00 | |
| 第1条 | 19:01:15 | Gaza Conflict<br>(采访,记者出镜/ Gaza)<br>BBC exclusive:Hamas Leader speaks<br>(采访)<br>(电话连线 UN 官员/Gaza)<br>(演播室视频连线 Israel 官员/Jerusalem) |
| 第2条 | 19:12:28 | Sahara Plane Crash<br>(电话连线记者/Mali)<br>(演播室视频连线记者/Paris) |
| 第3条 | 19:15:12 | Malaysia Airlines MH17 Crash:<br>Crash Site<br>(演播室视频连线记者/Kharkiv)<br>(记者出镜/ Donetsk,采访)<br>(演播室视频连线记者/Kharkiv) |
| 第4条 | 19:20:09 | News in Brief:<br>Sudan Christian Convert |
| 第5条 | 19:20:28 | News in Brief:<br>Taiwan Plane Crash |
| 第6条 | 19:20:47 | News in Brief:<br>Ebola Test |
| 第7条 | 19:21:06 | News in Brief:<br>CIA Torture Al Qaeda Suspects |
| 第8条 | 19:21:30 | Glasgow 2014 Commonwealth Games:<br>(演播室视频连线记者/ Glasgow)<br>Are We There Yet?<br>(采访,记者出镜/ Glasgow)<br>(演播室视频连线记者/ Glasgow) |
| 结束语<br>天气预报 | 19:26:33 | |

(注:此监测表时间为英国夏令时。)

## 《今日世界新闻》(*World News Today*)
### 2014年7月25日(星期五)节目内容监测

| | 开始时间 | 内容/报道手段 |
|---|---|---|
| 导视片花 | 19:00:00 | |
| 第1条 | 19:01:03 | Gaza Conflict<br>(采访,记者出镜/Gaza)<br>(演播室访谈) |
| 第2条 | 19:07:22 | MH17 Bodies Return<br>(演播室视频连线记者/Kharkiv)<br>(记者出镜/Kharkiv,采访)<br>(演播室视频连线记者/Kharkiv) |
| 第3条 | 19:12:29 | News in Brief:<br>Air Algerie Plane Crash |
| 第4条 | 19:12:50 | News in Brief:<br>Afghanistan Roadside Shootings |
| 第5条 | 19:13:13 | News in Brief:<br>Peter Greste Appeal |
| 第6条 | 19:13:34 | America's Child Immigrants<br>(采访,记者出镜/Washington)<br>(演播室视频连线专家/Washington) |
| 第7条 | 19:20:04 | New Cancer Treatment<br>(采访,记者出镜/London) |
| 第8条 | 19:22:13 | Liberian citizen died from Ebola virus in Lagos, Nigeria(无标题)<br>(演播室视频连线记者/Lagos, Nigeria) |
| 第9条 | 19:24:27 | Scientists think some dinosaurs had feathers much earlier than expected<br>(无标题)<br>(记者出镜/London,采访) |
| 结束语<br>天气预报 | 19:26:16 | |

(注:此监测表时间为英国夏令时。)

《今日世界新闻》(*World News Today*)

**2014 年 7 月 28 日(星期一)节目内容监测**

|  | 开始时间 | 内容/报道手段 |
|---|---|---|
| 导视片花 | 19:00:00 | |
| 第1条 | 19:01:21 | Gaza Conflict<br>(记者出镜/ Gaza city,采访)<br>(演播室视频连线记者/Jerusalem)<br>(演播室访谈) |
| 第2条 | 19:10:54 | Libya Inferno<br>(演播室访谈) |
| 第3条 | 19:16:07 | Ukraine Fighting<br>(记者出镜/eastern Ukraine,采访) |
| 第4条 | 19:18:40 | News in Brief:<br>Yukos Bankruptcy Puling |
| 第5条 | 19:19:07 | News in Brief:<br>Ebola Outbreak |
| 第6条 | 19:19:24 | News in Brief:<br>Iraq's Christians |
| 第7条 | 19:19:42 | News in Brief:<br>S Korea Ferry disaster |
| 第8条 | 19:20:01 | News in Brief:<br>Australia Coal Mine |
| 第9条 | 19:20:25 | Storm hits western coast of US(无标题)<br>(采访) |
| 第10条 | 19:22:16 | What If…?<br>(演播室视频连线专家/Birmingham) |
| 第11条 | 19:26:01 | Turkish PM scores 3 goals in football match(无标题) |
| 结束语<br>天气预报 | 19:26:31 | |

(注:此监测表时间为英国夏令时。)

《今日世界新闻》(*World News Today*)

**2014 年 7 月 29 日（星期二）节目内容监测**

|  | 开始时间 | 内容/报道手段 |
| --- | --- | --- |
| 导视片花 | 19:00:00 |  |
| 第 1 条 | 19:01:08 | Gaza Conflict<br>（记者出镜/Gaza，采访）<br>（演播室视频连线记者/Jerusalem） |
| 第 2 条 | 19:07:49 | Malaysia Airlines MH17 Crash |
| 第 3 条 | 19:08:19 | EU Sanctions Over Ukraine<br>（演播室视频连线记者/Moscow） |
| 第 4 条 | 19:12:37 | News in Brief：<br>Karzai's cousin killed |
| 第 5 条 | 19:13:03 | News in Brief：<br>Wrist Banned |
| 第 6 条 | 19:13:28 | News in Brief：<br>Libya Clashes |
| 第 7 条 | 19:13:47 | News in Brief：<br>California Wildfires |
| 第 8 条 | 19:14:11 | Kosovo War Crimes<br>（采访，记者出镜/Belgrade） |
| 第 9 条 | 19:16:48 | Africa Ebola Outbreak<br>（采访，记者出镜/Lagos） |
| 第 10 条 | 19:19:01 | Sarah Palin launches her internet TV channel（无标题） |
| 第 11 条 | 19:19:51 | NASA's Mars Rover Opportunity sets space travel record（无标题） |
| 第 12 条 | 19:20:22 | Bad Brits?<br>（街头采访）<br>（演播室访谈） |
| 第 13 条 | 19:25:35 | Large statue of a tomato ketchup bottle in US is for sale（无标题） |
| 结束语<br>天气预报 | 19:26:08 |  |

（注：此监测表时间为英国夏令时。）

《今日世界新闻》(*World News Today*)

**2014年7月30日(星期三)节目内容监测**

|  | 开始时间 | 内容/报道手段 |
|---|---|---|
| 导视片花 | 19:00:00 | |
| 第1条 | 19:01:25 | Gaza Conflict<br>(记者出镜/Gaza,采访)<br>(演播室视频连线政治家/Ramallah) |
| 第2条 | 19:12:00 | Ebola Outbreak<br>(采访,记者出镜/Guinea)<br>(演播室访谈) |
| 第3条 | 19:20:07 | News in Brief:<br>India Landslide |
| 第4条 | 19:20:24 | News in Brief:<br>Nigeria Bombing |
| 第5条 | 19:20:28 | News in Brief:<br>Theodore Van Kirk Dead |
| 第6条 | 19:21:00 | Banker Backlash<br>(记者出镜/London,采访) |
| 第7条 | 19:24:01 | Hands Off!<br>(记者出镜/UK,采访) |
| 第8条 | 19:26:24 | Fire at pier in Eastbourne, UK<br>(无标题) |
| 结束语<br>天气预报 | 19:26:44 | |

(注:此监测表时间为英国夏令时。)

## 《今日世界新闻》(*World News Today*)
### 2014年7月31日(星期四)节目内容监测

| | 开始时间 | 内容/报道手段 |
|---|---|---|
| 导视<br>片花 | 19:00:00 | |
| 第1条 | 19:01:18 | Gaza Conflict<br>(采访,记者出镜/ Israel – Gaza Border)<br>(采访,记者出镜/ Gaza)<br>(演播室视频连线官员/Jerusalem) |
| 第2条 | 19:14:26 | Malaysia Airlines MH17 Crash<br>(演播室视频连线记者/Kiev) |
| 第3条 | 19:17:40 | News in Brief:<br>Ebola Outbreak |
| 第4条 | 19:18:12 | News in Brief:<br>Russia Oil Ruling |
| 第5条 | 19:18:36 | News in Brief:<br>India Landslide |
| 第6条 | 19:18:55 | The Dark Net<br>(采访,记者出镜/UK) |
| 第7条 | 19:22:31 | Unknown tribe makes contact with settled community in Brazil(无标题) |
| 第8条 | 19:24:29 | Rat infestation in Paris, France(无标题)<br>(采访) |
| 结束语<br>天气预报 | 19:26:06 | |

(注:此监测表时间为英国夏令时。)

《今日世界新闻》(World News Today)

**2014年8月1日(星期五)节目内容监测**

|  | 开始时间 | 内容/报道手段 |
|---|---|---|
| 导视片花 | 19:00:00 | |
| 第1条 | 19:01:21 | Gaza Conflict<br>(采访,记者出镜/ Gaza City)<br>(演播室视频连线官员) |
| 第2条 | 19:07:05 | Ebola Outbreak<br>(采访)<br>(演播室视频连线官员/Geneva) |
| 第3条 | 19:11:28 | News in Brief:<br>Uganda Anti-Gay Law |
| 第4条 | 19:11:51 | News in Brief:<br>Ukraine MH17 |
| 第5条 | 19:12:12 | News in Brief:<br>Russia Internet Law |
| 第6条 | 19:12:34 | News in Brief:<br>Warsaw Commemoration |
| 第7条 | 19:13:01 | Gas explosions in Kaohslung, Taiwan(无标题)<br>(采访,记者出镜/高雄) |
| 第8条 | 19:15:24 | Secrets of DNA<br>(采访,记者出镜/UK) |
| 第9条 | 19:18:10 | Siegfried's Journey<br>(演播室视频连线专家/Cambridge) |
| 第10条 | 19:21:54 | Gaza Conflict<br>(演播室视频连线专家/London) |
| 结束语<br>天气预报 | 19:26:45 | |

(注:此监测表时间为英国夏令时。)

# 参考文献

**主要中文著作或中文译著文献：**

〔美〕阿诺德·S.戴比尔、约翰·C.梅里尔编:《全球新闻世界:重大议题与传媒体制》(第五版),郭之恩译,华夏出版社 2010 年版。

〔英〕查尔斯·柯伦:《统理 BBC:英国播协会的蜕变历程》,冯建三译,远流出版社 1992 年版。

程曼丽:《国际传播学教程》,北京大学出版社 2006 年版。

程曼丽、王维佳:《对外传播及其效果研究》,北京大学出版社 2011 年版。

〔英〕达雅·屠苏:《国际传播:延续与变革》,董关鹏主译,新华出版社 2004 年版。

〔美〕丹尼尔·C·哈林,〔意〕保罗·曼奇尼:《比较媒介体制:媒介与政治的三种模式》,陈娟、展江译,中国人民大学出版社 2012 年版。

〔美〕丹尼斯·朗:《权力论》,陆震纶、郑明哲译,中国社会科学出版社 2001 年版。

〔英〕丹尼斯·麦奎尔、〔瑞典〕斯文·温德尔:《大众传播模式论》,祝建华译,上海译文出版社 2008 年版。

段连城:《对外传播学初探》,五洲传播出版社 2004 年版。

〔美〕E·M·罗杰斯:《传播学史——一种传记式的方法》,殷晓蓉译,上海译文出版社 2005 年版。

〔美〕菲利普·科特勒、加里·阿姆斯特朗:《营销学导论》,俞利军译,华夏出版社 1999 年版。

高晓红、吴锦才主编:《大国传播:跨国电视媒体研究(第一辑)》,清华大学出版社 2013 年版。

关世杰:《国际传播学》,北京大学出版社 2004 年版。

郭可:《国际传播学导论》,复旦大学出版社 2004 年版。

郭庆光:《传播学教程》,中国人民大学出版社 1999 年版。

国家广播电影电视总局发展研究中心编著:《国外广播影视体制比较研究》,中国国际广播出版社2007年版。

郭明全:《传播力:企业传媒攻略》,南京大学出版社2006年版。

郭镇之:《中国电视史》,文化艺术出版社1997年版。

〔美〕汉斯·摩根索:《国家间政治:权力斗争与和平》,徐昕、郝望、李保平译,北京大学出版社2006年版。

胡占凡主编:《中国中央电视台年鉴(2011)》,中国广播电视出版社2012年版。

胡正荣、关娟娟主编:《世界主要媒体的国际传播战略》,中国传媒大学出版社2011年版。

〔日〕金子将史、北野充主编:《公共外交》,翻译组译,刘江永审校,《公共外交:"舆论时代"的外交战略》,外语教学与研究出版社2010年版。

〔美〕康芒斯:《制度经济学》(上册),于树生译,商务印书馆1962年版。

〔美〕雷伊·克莱因:《1980年代世界权力趋势及美国外交政策》,奚明远译,黎明文化事业股份有限公司1982年版。

雷跃捷、张彩编著:《国际新闻频道研究》,中国广播电视出版社2013年版。

李继东:《英国公共广播政策变迁与问题研究》,中国传媒大学出版社2007年版。

李书藏:《冲突、妥协与均衡》,中国社会科学出版社2011年版。

李宇:《中国电视国际化与对外传播》,中国传媒大学出版社2010年版。

李希光、周庆安主编:《软力量与全球传播》,清华大学出版社2005年版。

李智:《国际传播》,中国人民大学出版社2013年版。

刘成付:《中国广电传媒体制创新》,南方日报出版社2007年版。

刘建明:《当代新闻学原理》,清华大学出版社2003年版。

刘建明等:《新闻学概论》,中国传媒大学出版社2007年版。

刘利群、张毓强主编:《国际传播概论》,中国传媒大学出版社2011年版。

刘习良主编:《中国电视史》,中国广播电视出版社2007年版。

刘笑盈:《国际新闻学:本体、方法和功能》,中国广播电视出版社2010年版。

〔英〕露西·金-尚克尔曼:《透视BBC与CNN:媒介组织管理》,彭泰权译,清华大学出版社2004年版。

〔美〕罗伯特·福特纳:《国际传播:全球都市的历史、冲突及控制》,刘利群译,华夏出版社2000年版。

关世杰:《国际传播学》,北京大学出版社2004年版。

〔英〕杰弗里·托马斯:《政治哲学导论》,顾肃、刘雪梅译,中国人民大学出版社2006年版。

〔美〕马克斯韦尔·麦库姆斯:《议程设置:大众媒介与舆论》,郭镇之、徐培喜译,北京大学出版社2008年版。

〔加〕马歇尔·麦克卢汉:《人的延伸——媒介通论》,何道宽译,四川人民出版社1992年版。

门洪华主编:《中国:软实力方略》,浙江人民出版社2007年版。

〔美〕诺姆·乔姆斯基:《新自由主义和全球秩序》,徐海铭、季海宏译,江苏人民出版社2000年版。

庞井君主编:《中国广播电影电视发展报告(2012)》,社会科学文献出版社2012年版。

钱蔚:《政治、市场与电视制度——中国电视制度变迁研究》,河南人民出版社2002年版。

沈苏儒:《对外传播的理论与实践》,五洲传播出版社2004年版。

〔美〕斯蒂芬·小约翰:《传播理论》,陈德民、叶晓辉译,中国社会科学出版社1999年版。

〔英〕斯图尔特·艾伦主编:《新闻业:批判的议题》,纪莉、石义斌译,武汉大学出版社2011年版。

唐亚明、王凌洁:《英国传媒体制》,南京日报出版社2007年版。

〔美〕W·兰斯·班尼特:《新闻:政治的幻象》,杨晓红、王家全译,当代中国出版社2005年版。

王菊芳:《BBC之道:BBC的价值观与全球化战略》,生活·读书·新知三联书店2013年版。

汪文斌、胡正荣:《世界电视前沿》,华艺出版社2001年版。

〔加〕文森特·莫斯可:《传播政治经济学》,胡春阳、黄红宇、姚建华译,华夏出版社2000年版。

吴飞:《新闻专业主义研究》,中国人民大学出版社2009年版。

肖小蕙:《传媒批评》,黑龙江人民出版社2002年版。

徐琴媛等:《世界一流媒体研究》,中国广播电视出版社2010年版。

杨刚毅主编:《电视国际传播创新研讨文集》,中国广播电视出版社2011年版。

杨伟光主编:《中国电视论纲》,中国广播电视出版社1998年版。

杨越明:《中国电视的对外传播》,知识产权出版社2012年版。

〔美〕约瑟夫·奈:《柔性权利》,吴家恒、方祖芳译,时报文化出版社2006年版。

〔美〕约瑟夫·奈:《软实力:权力,从硬实力到软实力》,马娟娟译,中信出版社2013年版。

喻国明、焦中栋:《中国传媒软实力发展报告》,同心出版社2009年版。

〔英〕詹姆斯·卡瑞、珍·辛顿:《英国新闻史》,栾轶玫译,清华大学出版社2005年版。

张兵娟:《全球化时代:传播、现代性与认同》,中国广播电视出版社 2010 年版。

张长明:《传播中国:二十年电视外宣亲历》,人民出版社 2011 年版。

赵化勇主编:《中央电视台发展史》,中国广播电视出版社 2008 年版。

赵玉明:《中国广播电视通史》,北京广播学院出版社 2003 年版。

《中国广播电视年鉴(2014)》,中国广播电视年鉴编辑部编辑出版,2014 年版。

中央宣传部:《社会主义核心价值体系读本》,学习出版社 2008 年版。

**主要中文期刊文献:**

陈虹、刘旻嘁:《全球化时代华语主持人的影响力和话语权》,《新闻记者》2009 年第 2 期。

程曼丽:《论"议程设置"在国家形象塑造中的舆论导向作用》,《北京大学学报(哲学社会科学版)》2008 年 3 月第 45 卷第 2 期。

崔屹平、李宇:《二十年来中国电视对外传播理念嬗变初探——以中央电视台为例》,《现代传播》2012 年第 8 期。

丁和根:《生产力·传播力·影响力——信息传播国际竞争力的分析框架》,《新闻大学》2010 年第 4 期。

樊昌志、童兵:《社会结构中的大众传媒:身份认同与新闻专业主义之建构》,《新闻大学》2009 年第 3 期。

范昀:《从 CCTV – NEWS 改版谈对外传播思路》,《电视研究》2010 年第 9 期。

范昀:《从"走出去"到"走进去":CCTV – NEWS 本土化发展战略》,《电视研究》2013 年第 7 期。

甘藏春、方正辉、胡必亮:《约瑟夫·奈谈"巧实力"》,《对外传播》2009 年第 3 期。

龚铁鹰:《论软权力的维度》,《世界经济与政治》2007 年第 9 期。

关世杰:《中国跨文化传播研究十年回顾与反思》,《对外大传播》2006 年第 12 期。

何勇:《推销中国:中国对外电视战略和 CCTV – 9》,《现代传播》2010 年第 2 期。

何勇:《变与不变之间:CCTV 英语频道改版观察》,《现代传播》2010 年第 7 期。

侯勇、王建润:《论价值哲学视野下普世价值与社会主义核心价值体系的"破"与"立"》,《扬州大学学报(人文社会科学版)》2010 年第 14 卷第 4 期。

胡鞍钢、张晓群:《中国传媒迅速崛起的实证分析》,《战略与管理》2004 年第 3 期。

胡百精:《公共外交的语境、内涵与形态》,《国际公关》2009 年第 2 期。

胡正荣:《媒介寻租、产业整合与媒介资本化过程——对我国媒介制度变迁的分析》,《媒介研究》2004年第1期。

胡正荣、李继东:《广播电视公共服务、政治理念与社会实践》,《中国媒体发展研究报告》2007年第00期。

胡智锋:《"新闻专业主义"的"本土化"途径——写在央视〈新闻调查〉十周年之际》,《广告大观(媒介版)》2006年第4期。

黄旦:《新闻专业主义的建构与消解——对西方大众传播者研究历史的解读》,《新闻与传播研究》2002年第2期。

黄煜、郑越:《CCTV-NEWS与平衡报道》,《电视研究》2010年第9期。

贾海涛:《试析文化软实力的概念和理论框架》,《岭南学刊》2008年第2期。

蒋昌建:《波动中的软实力与新公共外交》,《现代传播》2011年第8期。

姜飞:《构建世界传媒新秩序的中国方向》,《中国记者》2011年第7期。

江和平:《英语频道总监制得失谈》,《电视研究》2001年第10期。

蒋晓丽、李建华:《文化软实力与传媒软实力——对改革开放以来中国传媒发展的思考》,《湘潭大学学报》2008年第4期。

解峥、赵雪波:《央视英语新闻频道未来发展的路经——兼论如何打造世界一流媒体》,《现代传播》2015年第8期。

雷跃捷、沈浩、薛宝琴:《我国广播电视媒体公信力的受众认知调查与研究》,《现代传播》2012年第5期。

李继东、胡正荣:《中国政治意识形态与传媒改革:关系与影响》,《新闻大学》2013年第4期。

李素华:《对认同概念的理论评述》,《兰州学刊》2005年第4期。

李希光、郭晓科:《主流媒体的国际传播力及提升路径》,《重庆社会科学》2012年第8期。

李彦冰:《我国对外传播"内外有别"原则的困境与出路》,《声屏世界》2010年第5期。

李智:《软实力的实现与中国对外传播战略——兼与阎学通先生商榷》,《现代国际关系》2008年第7期。

刘琛:《"官方媒体"形象与国家形象关系研究》,《现代传播》2010年第5期。

刘建明、秦志希:《多维视野下英美广播制度差异形成的根源》,《新闻与传播研究》2009年第1期。

刘相平:《对"软实力"之再认识》,《南京大学学报》2010年第1期。

刘笑盈、吴燕:《CCTV 电视国际传播及其对世界传播格局的影响》,《现代传播》2008 年第 5 期。

刘雪梅:《CNN 与"电视战争"》,《军事记者》2001 年第 12 期。

陆晔、潘忠党:《成名的想象:社会转型过程中新闻从业者的专业主义话语建构》,《新闻学研究》2002 年第 4 期。

罗琴:《论中央电视台品牌战略的制度基础》,《现代传播》2007 年第 2 期。

罗文辉、陈韬文、黄煜、马杰伟、萧小穗、冯应谦、叶月瑜:《全球化时代的电视国际新闻比较研究》,《传播与社会学刊》2010 年第 13 期。

梅琼林、连水兴:《媒介、民族国家与软实力的悖论》,《学习与探索》2010 年第 1 期。

孟锦:《舆论战与媒介传播力关系探微》,《军事记者》2004 年第 10 期。

庞中英:《国际关系中的软力量及其它——评美国学者约瑟夫·奈的〈注定领导〉》,《战略与管理》1997 年第 2 期。

乔卫兵:《认同理论与国家行为》,《欧洲》2001 年第 3 期。

沈苏儒:《开展"软实力"与对外传播的研究》,《对外大传播》2006 年第 25 期。

唐兴霖:《制度资源·制度短缺·制度创新》,《学术研究》1996 年第 11 期。

陶大坤、丁和根:《中国对外传播渠道建设之路径选择》,《当代传播》2010 年第 5 期。

王国庆:《增强国际传播能力 打造国际一流媒体》,《电视研究》2010 年第 9 期。

王沪宁:《作为国家实力的文化:软实力》,《复旦大学学报(社会科学版)》1993 年第 3 期。

王菊芳:《资金缩水下的 BBC 全球新闻战略》,《电视研究》2013 年第 6 期。

汪信砚:《全球化中的价值认同与价值观冲突》,《哲学研究》2002 年第 11 期。

温飚:《英国广播公司的改革之路》,《视听界》2004 年 5 期。

冼致远:《当代国际一流媒体的传播发展特点及其借鉴》,《郑州大学学报(哲学社会科学版)》2013 年第 3 期。

徐新平:《新闻"喉舌论"考述》,《湖南大学学报(社会科学版)》2001 年 6 月。

杨淳伟:《中国"文化软实力"研究现状综述》,《中国文化研究》2011 年第 2 期。

尹春兰:《品牌传播的全球化与本土化策略》,《经济问题》2004 年第 7 期。

喻国明:《大众媒介公信力理论初探——兼论我国大众媒介公信力的现状与问题》,《新闻与写作》2005 年第 2 期。

张骥、桑红:《文化:国际政治中的"软权力"》,《社会主义研究》1999 年第 3 期。

张立勇:《从央视外宣频道 20 年发展看频道制改革》,《中国记者》2012 年第 7 期。

张明、赵铭:《直面媒体碎片化趋势》,《广告人》2010年第6期。

张群力:《频道制,一场渐进式改革》,《南方电视学刊》2005年第3期。

张玉:《英国广播电视管理体制管窥》,《兰州学刊》2006年第10期。

张毓强:《2009:中国国际传播事业三个重要转变》,《国际新闻界》2010年第2期。

张毓强:《产业化:国际传播媒介发展的必由路径》,《现代传播》2012年第12期。

钟新:《新公共外交:软实力视野下的全民外交》,《现代传播》2011年第8期。

周珊珊:《浅谈"耳目喉舌论"各个时期的发展演变及其影响》,《采写编》2013年第4期。

朱焱:《CCTV NEWS里的外籍雇员:发展轨迹与现实动因》,《对外传播》2014年第2期。

**主要中文学位论文文献:**

段鹏:《当前我国政府对外传播与国家形象建构策略》,中国传媒大学博士学位论文,2005年。

葛云飞:《新兴国际电视新闻频道全球发展策略研究》,中国传媒大学硕士学位论文,2011年。

蒋梦溪:《生存与发展——央视英语频道对外传播研究》,中国传媒大学硕士学位论文,2008年。

马丽:《从大众传媒的视角看中国软实力的构建》,内蒙古师范大学硕士学位论文,2010年。

倪建平:《对外传播与软实力:国家形象的塑造》,复旦大学博士后学位论文,2006年。

邱凌:《软实力背景下的中国国际传播战略研究》,复旦大学博士学位论文,2009年。

魏艺:《多语传播与国际融合:从中来电视台多语频道探讨我国媒体的对外传播》,四川大学硕士学位论文,2007年。

吴立斌:《中国媒体的国际传播及影响力研究》,中共中央党校博士学位论文,2011年。

吴妮:《英国广播公司国际化战略思考》,中国传媒大学硕士学位论文,2007年。

钟馨:《1976—2001年中国对外传播史研究》,武汉大学博士学位论文,2010年。

**主要英文参考文献:**

Ammon Royce J., *Global Television and the Shaping of the World Politics*, McFarland & Company, 2001.

Bob Franklin (Edited), *British Television Policy: a Reader*, London: Routledge, 2001.

Chris Paterson, Annabelle Sreberny (Edited), *International News: in the Twenty-first Century*, Luton: John Libbey Publishing for University of Luton Press, 2004.

Christine Geraghty, David Lusted (Edited), *The Television Studies Book*, London: Arnold, 2004 (reprinted, First published in 1998).

Kevin Williams, *Get Me a Murder a Day! A History of Media and Communication in Britain (second edition)*, London: Bloomsbury Academic Publishing Plc, 2010.

Lina Dencik, "What Global Citizens and Whose Global Moral Order? Defining the Global at BBC World News", *Global Media and Communication*, 2013.

James W. Markham (ed.), *International Communication as a Field of Study*, Iowa: University of Iowa Press, 1970.

Jirik John, *The PRC's "going out" Project: CCTV International and the Imagination of a Chinese Nation*, 2008.

Josephs Nye, *Bound to Lead: The Changing Nature of American Power*, New York, 1990.

Paul Kennedy, *The Rise and Fall of The Great Powers: Economic Change and Military Conflict from 1500 to 2000*, London: Unwin Hyman, 1988.

Paulu Burton, *British Broadcasting: Radio and Television in the United Kingdom*, Minneapolis: University of Minnesota Press, 1956.

Schultz T. W., "Institutions and the Rising Economic Value of Man", *American Journal of Agricultural Economics*, 1968.

Seth C. Lewis and Nikki Usher, "Open Source and Journalism: Toward New Frameworks for Imagining News Innovation", *Media Culture Society*, 2013.

Tom Burns, *The BBC: Public Institution and Private World*, London: the Macmillan Press Ltd, 1977.

Mugdha Rai and Simon Cottle, "Global Mediations: On the Changing Ecology of Satellite Television News", *Global Media and Communication*, 2007.

O. Boyd-Barrett, "Media Imperialism: Towards an International Framework for the Analysis of Media Systems" in J. Curran, M. Gurevitch and J. Woollacott (eds.), *Mass Communication and Society*, London: Arnold, 1977.

Richard Sambrook, "Not the End of the World (Service)", *British Journalism Review*, 2012.

Seema Shrikhande,"Competitive Strategies in the ternationalization of Television:CNNI and BBC World in Asia", *The Journal of Media Economics*, 14(3), Lawrence Erlbaum Associates,2001.

Thomas L. Mcphail, *Global Communication: Theories, Stakeholders and Trends*, Boston: Allyn and Bacon,2002.

Yahya R. Kamalipour (ed.), *Global Communication (second edition)*, Thomson Wadsworth,2007.

### 主要互联网资源：

1. CCTV 官网:http://cctv.cntv.cn/
2. BBC 官网:http://www.bbc.co.uk/
3. 百度百科:http://baike.baidu.com/
4. 维基百科:http://en.wikipedia.org/
5. 国家新闻出版广电总局官网:http://www.sarft.gov.cn/